微型 TBM 硬岩
隧洞施工关键技术

张晓平 安 仓 刘勇斌 陈 猛 著

中国建筑工业出版社

图书在版编目（CIP）数据

微型 TBM 硬岩隧洞施工关键技术 / 张晓平等著.
北京：中国建筑工业出版社, 2024. 8. -- ISBN 978-7-112-30353-3

Ⅰ. U459.9

中国国家版本馆 CIP 数据核字第 2024TH0355 号

责任编辑：刘颖超
责任校对：赵　力

微型 TBM 硬岩隧洞施工关键技术
张晓平　安　仓　刘勇斌　陈　猛　著

*

中国建筑工业出版社出版、发行（北京海淀三里河路 9 号）
各地新华书店、建筑书店经销
国排高科（北京）信息技术有限公司制版
北京云浩印刷有限责任公司印刷

*

开本：787 毫米 × 1092 毫米　1/16　印张：9¾　字数：212 千字
2024 年 10 月第一版　　2024 年 10 月第一次印刷
定价：50.00 元
ISBN 978-7-112-30353-3
（43734）

版权所有　翻印必究
如有内容及印装质量问题，请与本社读者服务中心联系
电话：（010）58337283　　QQ：2885381756
（地址：北京海淀三里河路 9 号中国建筑工业出版社 604 室　邮政编码：100037）

序 言

PREFACE

全断面硬岩掘进机（TBM）作为一种高效的施工设备，已被广泛应用于中大型隧洞工程掘进。然而，3m及以下小洞径硬岩隧洞掘进，缺乏专门的技术和设备，已经成为制约发展的瓶颈，无法满足当前的需求和发展趋势。为了填补这一技术空白，微型TBM应运而生，并逐步成为小断面硬岩隧洞掘进的重要工具。

本书以湖北省十堰市中心城区水资源配置工程马百支线隧洞（中铁十八局集团有限公司承建）的微型TBM应用为例，深入探讨了微型TBM的设计与施工关键技术。马百支线隧洞微型TBM的开发应用是我国在小洞径硬岩条件下TBM技术发展的重要里程碑，它不仅体现了我国在小型化、精细化隧洞施工设备研发上的重要突破，也为今后在类似条件下的引水隧洞、地下管廊及超前探洞等工程建设提供了宝贵的技术参考。

在小洞径条件下，微型TBM的设计制造、掘进工艺以及支护技术均与常规尺寸TBM有显著差异。本书从多个角度系统论述了微型TBM的开发过程及其在马百支线隧洞中的成功应用。首先，从施工工法的选择到TBM的选型分析，全面论证了微型TBM在该工程中的可行性和必要性。随后，针对小断面条件下微型TBM结构设计和物料及出渣运输难题，设计了护盾式主机、倒梯形撑靴等诸多创新性结构，长距离出渣方式也由常规连续皮带向有轨矿车转变。最后，详细阐述了微型TBM掘进施工及隧洞支护技术，展示了如何克服小洞径硬岩掘进的诸多挑战。

更为重要的是，书中基于马百支线隧洞的掘进及施工数据，深入分析了微型TBM的掘进效率，并对其在施工中的表现进行了全面评估。通过对比分析，充分证明了微型TBM在提高施工效率、降低成本和保证工程质量方面的显著优势。可以预见，微型TBM在未来的小洞径硬岩隧洞工程中，特别是引水隧洞、地下管廊及超前探洞等领域，将展现出广阔的应用前景。

张晓平教授长期从事TBM掘进相关研究，参与了引松工程、兰州水源地工程、引汉济渭工程、ABH引水工程、CZ铁路、乐西高速公路大凉山隧道等工程的TBM掘进科研攻关，作为骨干参与《全断面岩石掘进机法水工隧洞工程技术规范》编制工作，积极参与本人发起的全国隧道掘进机工程技术研讨会，担任中国岩石力学学会隧道掘进机工程应用分会副理事长，推动全断面隧道掘进机技术发展。张教授科研团队联合中铁十八局集团有限公司技术人员出版这本专著，为微型 TBM 应用提供了重要的工程参考和技术指南，必将推动微型 TBM 技术为更多地下工程建设提供新的解决方案。

中国科学院院士

前 言

我国已成为 TBM（全断面硬岩掘进机）制造和应用第一大国，掘进机在水利、矿山、公路、铁路等隧洞/隧道/巷道工程建设中的应用日益广泛。一方面，随着工业装备制造水平的快速提升，TBM 正朝着大直径、长距离掘进的方向发展，10m 以上的大直径 TBM 被应用于川藏铁路隧道、引江补汉引水隧洞等深埋长大隧洞建设。另一方面，随着多元化建设需求的扩大，小直径 TBM 的应用也越来越广泛，如超前探洞、引调水工程的支线隧洞、市政污水管路隧洞、市政地下管廊等工程。小直径 TBM 在硬岩地层中掘进效率高，对围岩扰动小，掘进距离长，能克服顶管在硬岩地层中顶进距离有限的不足。在围岩质量好的地层中，还能节省采用顶管施工的管片费用支出，经济效益显著。

由于岩体的尺寸效应，在相同围岩条件下，小洞径隧道的稳定性优于大洞径隧道，因而能节省支护时间和支护费用。据网上资料，马斯克的 Boring Company 将常规 7~8m 洞径的隧道缩小到 4.3m，足够通行一辆电动汽车，建造成本因此下降了 4~5 倍。从这一角度来看，建设大量小洞径隧道或许将成为未来城市地下交通、物流配送等工程的首选方案。

湖北省十堰市中心城区水资源配置工程马家河水库至百二河水库引水支线隧洞全长 4155m，断面直径 2.5m。工法比选结果表明，与钻爆法施工相比，TBM 法虽然预算总额增加 655.05 万元，但施工工期比钻爆法可提前 16.9 个月；与顶管法相比，采用 TBM 法施工预算总额减少 3497.21 万元，同时施工工期比顶管法提前 8.2 个月。TBM 法施工具有相对经济、施工安全以及缩短工期的优势，因此被选作隧洞施工工法。本项目在建设方的精心组织和推动下、参建各方和科研单位的联合攻关下，采用创新研制的微型 TBM，仅用 562 天实现隧洞贯通，比预期 612 天提前 50 天完成掘进施工，圆满完成掘进任务；在采用矿车间断性出渣的情况下，实现了微型 TBM 利用率达 30.3%，为微型 TBM 施工创造了经典成功案例。

本书主要从工法比选、TBM 设备选型、微型 TBM 关键技术设计及制造、微型 TBM 施工设计和掘进施工、小断面隧洞支护施工等方面进行重点专题介绍，最后对微型 TBM 在马家河水库至百二河水库引水支线隧洞掘进工效展开系统分析，展现了微型 TBM 的广阔应用前景。希望本书的出版可以为我国微型 TBM 工程技术发展作出一点贡献，为 TBM 隧道工程领域的从业者提供一些帮助，并为后续类似长距离小断面硬岩隧洞工程建设积累一份经验、提供有益参考。

本书由张晓平、安仓、刘勇斌、陈猛著，全书由张晓平统稿。具体执笔分工为：第 1 章、第 4 章——张晓平（武汉大学）、刘勇斌（武汉大学）、张海波（中铁十八局集团隧道工程有限公司），第 2 章——安仓（中铁十八局集团隧道工程有限公司）、王晋文（中铁十八局集团隧道工程有限公司），第 3 章——安仓（中铁十八局集团隧道工程有限公司）、李中向（中铁十八局集团隧道工程有限公司）、陈猛（武汉大学），第 5 章、第 6 章——陈猛（武汉大学）、齐梦学（中铁十八局集团隧道工程有限公司）、王晋文（中铁十八局集团隧道工程有限公司）、李中向（中铁十八局集团隧道工程有限公司），第 7 章——刘勇斌（武汉大学）、安仓（中铁十八局集团隧道工程有限公司）。本书得到国家自然科学基金项目（42277160）、湖北省自然科学基金杰出青年基金项目（2021CFA081）的资助。此外，杨国清（中铁十八局集团高原铁路 15 标项目部）、邹龙权（十堰市城市水源有限责任公司）、张彬（十堰市城市水源有限责任公司）、张莹（十堰市城市水源有限责任公司）、郭晓刚（长江勘测规划设计研究有限责任公司）、张强（中国铁建重工股份有限公司）、张心悦（武汉大学）等为本书资料收集等基础性工作提供了支持和帮助，在此一并表示衷心的感谢。

由于作者水平所限，书中不足之处在所难免，恳请各位读者不吝赐教、批评指正，以便于重印或再版时得以修订和完善。

目 录
CONTENTS

第 1 章 微小断面硬岩隧洞 TBM 施工必要性 ·················· 1

1.1 TBM 工法发展历程及其特点 ·················· 2
1.1.1 TBM 工法发展历程 ·················· 2
1.1.2 TBM 工法特点 ·················· 3
1.2 小断面 TBM 工程应用综述 ·················· 4
1.3 小断面隧洞开挖工法比选 ·················· 8
1.3.1 工程基本情况 ·················· 8
1.3.2 钻爆法施工 ·················· 12
1.3.3 顶管法施工 ·················· 13
1.3.4 TBM 法施工 ·················· 15
1.4 开挖方案比选 ·················· 17
1.5 微型 TBM 选型 ·················· 18
1.5.1 TBM 选型 ·················· 18
1.5.2 微型 TBM 主要技术参数 ·················· 19
1.6 本章小结 ·················· 21

第 2 章 微型 TBM 关键技术设计及制造 ·················· 23

2.1 微型 TBM 设计难点及挑战 ·················· 24
2.2 主机设计 ·················· 25
2.3 微型刀盘刀具选型及参数配置 ·················· 26
2.3.1 新型刀座及刀具安装方式 ·················· 26
2.3.2 刀盘设计有限元分析 ·················· 27
2.3.3 特制刀具研究与应用 ·················· 34
2.4 狭窄空间撑靴特殊结构设计 ·················· 35

2.5 紧凑型台车结构设计 ·· 35
2.6 集成可伸缩结构皮带机设计 ······································ 37
2.7 无冷水箱变频供水与冷却系统设计 ······························ 39
2.8 微型 TBM 制造及验收 ··· 40
  2.8.1 微型 TBM 制造 ··· 40
  2.8.2 微型 TBM 验收 ··· 41
2.9 本章小结 ··· 45

第 3 章 微型 TBM 针对性施工设计 ·· 47

3.1 施工场地规划 ··· 48
  3.1.1 布置条件及影响因素 ······································ 48
  3.1.2 TBM 施工场地布置 ·· 48
3.2 针对性施工设计 ·· 49
  3.2.1 施工动力供风设计 ··· 49
  3.2.2 施工通风设计 ··· 50
  3.2.3 施工供水设计 ··· 53
  3.2.4 施工排水设计 ··· 55
  3.2.5 施工供电设计 ··· 55
  3.2.6 洞内施工通信设计 ··· 55
  3.2.7 运输及出渣设计 ·· 56
  3.2.8 轨枕结构设计 ··· 59
3.3 微型 TBM 施工隧洞狭窄断面布置 ······························ 60
  3.3.1 断面布置影响因素 ··· 60
  3.3.2 断面布置方案设计 ··· 61
3.4 本章小结 ··· 63

第 4 章 微型 TBM 掘进施工 ··· 65

4.1 微型 TBM 组装及调试 ··· 66
  4.1.1 微型 TBM 组装 ··· 66
  4.1.2 微型 TBM 调试 ··· 69
4.2 微型 TBM 始发与试掘进 ·· 70
  4.2.1 始发洞始发技术 ·· 70
  4.2.2 试掘进 ·· 71
4.3 微型 TBM 掘进施工 ·· 72
  4.3.1 TBM 掘进工艺流程 ·· 72

		4.3.2 掘进后配套同步牵引	74

- 4.3.2 掘进后配套同步牵引 ·············· 74
- 4.3.3 微型 TBM 掘进参数 ·············· 74
- 4.3.4 掘进姿态控制 ·············· 75

4.4 辅助工序施工 ·············· 78
- 4.4.1 通风、供水、电力和通信系统管路和线路延伸 ·············· 78
- 4.4.2 小断面隧洞轨枕快速铺设关键技术 ·············· 82
- 4.4.3 快速侧卸式卸渣系统优化与应用 ·············· 83

4.5 TBM 随掘岩体信息感知技术研究与应用 ·············· 85
- 4.5.1 岩体原位贯入测试系统 ·············· 85
- 4.5.2 原位贯入测试 ·············· 86
- 4.5.3 岩体原位贯入测试结果分析 ·············· 88
- 4.5.4 岩体原位贯入测试指标相关性分析 ·············· 91
- 4.5.5 基于原位贯入试验的岩石强度及脆性表征 ·············· 91
- 4.5.6 掘进参数预测 ·············· 93

4.6 本章小结 ·············· 95

第 5 章 微型 TBM 出洞与拆卸 ·············· 97

5.1 微型 TBM 出洞方案比选 ·············· 98

5.2 微型 TBM 无接收洞接收技术 ·············· 98

5.3 微型 TBM 拆卸与存储 ·············· 100
- 5.3.1 拆卸流程与注意事项 ·············· 100
- 5.3.2 拆卸步骤 ·············· 101
- 5.3.3 微型 TBM 运输 ·············· 104
- 5.3.4 微型 TBM 存储 ·············· 104

5.4 本章小结 ·············· 106

第 6 章 小断面隧洞支护施工 ·············· 107

6.1 岩体尺寸效应对隧洞稳定性的影响 ·············· 108
- 6.1.1 隧洞围岩变形机理及失稳模式分析 ·············· 108
- 6.1.2 隧洞洞径对围岩稳定性的影响 ·············· 113

6.2 小断面隧洞支护参数设计 ·············· 114

6.3 小断面隧洞支护作业 ·············· 115
- 6.3.1 锚杆施工 ·············· 115
- 6.3.2 钢筋网施工 ·············· 116
- 6.3.3 钢拱架施工 ·············· 117

　　　　6.3.4 喷射混凝土施工 …………………………………………………… 118
　6.4 不利地质风险与对策 …………………………………………………… 119
　　　　6.4.1 断层破碎带卡机 …………………………………………………… 119
　　　　6.4.2 节理裂隙发育围岩坍塌 …………………………………………… 123
　　　　6.4.3 突水涌泥 …………………………………………………………… 123
　6.5 小断面隧洞坍塌施工处治案例 ………………………………………… 125
　　　　6.5.1 案例1 ……………………………………………………………… 126
　　　　6.5.2 案例2 ……………………………………………………………… 127
　6.6 本章小结 ………………………………………………………………… 130

第7章　微型 TBM 掘进工效分析与应用前景展望 ……………………… 131

　7.1 微型 TBM 总体利用率和掘进工效 …………………………………… 132
　　　　7.1.1 微型 TBM 利用率 ………………………………………………… 132
　　　　7.1.2 微型 TBM 掘进工效 ……………………………………………… 133
　7.2 制约掘进工效的主要影响因素分析 …………………………………… 135
　7.3 提高微型 TBM 掘进工效的建议措施 ………………………………… 136
　　　　7.3.1 出渣系统 …………………………………………………………… 136
　　　　7.3.2 微型 TBM 机械设备故障 ………………………………………… 139
　　　　7.3.3 微型 TBM 局部支护施工 ………………………………………… 140
　7.4 本章小结 ………………………………………………………………… 141

参考文献 ……………………………………………………………………… 143

第 1 章

微小断面硬岩隧洞 TBM 施工必要性

扫码查看本章彩图

1.1 TBM 工法发展历程及其特点

1.1.1 TBM 工法发展历程

TBM 是 Tunnel Boring Machine 的简称。在欧美等国家和地区，TBM 是全断面硬岩掘进机和软土盾构机的统称，其发展历程始于盾构，迄今已有近 200 年的发展历史（图 1.1-1）。在日本，TBM 专指全断面硬岩掘进机，在软土地层中需要封闭掌子面并保压，主要采用刮刀开挖的掘进机称作盾构。我国沿用日本的叫法，将 TBM（全断面硬岩掘进机）和盾构机视为两类机型。国家标准《全断面隧道掘进机 术语和商业规格》GB/T 34354—2017 中规定了全断面隧道掘进机的定义：通过开挖并推进式前进实现隧道全断面成型，且带有周边壳体的专用机械设备。圆形全断面隧道掘进机主要包括岩石隧道掘进机、盾构机和顶管机等。由此可见，我国将 TBM（全断面硬岩掘进机）和盾构机统称为全断面隧道掘进机。

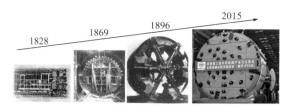

图 1.1-1 全断面隧道掘进机发展历程示意图

1818 年，法国工程师布鲁诺尔（Brunel）从蛀虫钻孔得到启示，首次提出盾构掘进隧道设想，并获得发明专利。1825—1843 年，在伦敦泰晤士河下修建 458m 长的矩形隧道（11.3m×6.7m）中，布鲁诺尔首次使用护盾，但开挖仍采用人工开挖方法，该隧道被认为是世界上第一条盾构隧道。1846 年，比利时工程师毛瑟（Maus）开发了世界首台全断面硬岩掘进机，100 个冲击钻头安装在钻架台车上，用于开挖穿过阿尔卑斯山的 Fréjus 铁路隧道。虽然没有获得成功，不过它还是被公认为第一台全断面硬岩掘进机。1952 年，Robbins 公司成立。1954 年，Robbins 公司制造的直径 8.0mTBM 首次成功应用于美国 Oahe Dam 的隧道工程（页岩），在节理发育的软弱页岩地层中最快日进尺为 48m，是当时其他开挖方法的 10 倍以上，被公认为第一台现代意义的 TBM（图 1.1-2）。1956 年，TBM 第一次在设计上发生重大变革，首次成功将滚刀应用在硬岩掘进中，Robbins 制造的直径 3.28m 硬岩 TBM 通过工业试验，用于加拿大 Humber 下水道工程（岩石强度 5～186MPa），最快日进尺 35m。1960 年，Robbins 公司在结构设计上，第一次把支撑及推进机机构组合为一个全部浮动的系统，通过撑靴压紧并固定在洞壁上，获得掘进所需的反力，用于斯塔玛尼亚隧道工程（直径 4.89m），创掘进纪录（6 天掘进 229m）。

图 1.1-2　第一台现代意义的被成功使用的 TBM

从 Robbins 制作的第一台现代意义的硬岩 TBM 以来，经过 70 年的发展，TBM 设备技术与施工技术取得了重大进步，其工程适应性不断加强，应用领域、应用规模不断拓展，已经成为深埋长隧道施工的首选。

现代 TBM 主要由主机、支护系统和后配套组成，集破岩、出渣与支护于一体。其中主机主要由刀盘、护盾、驱动系统、推进系统等部件组成，负责隧洞掘进开挖。支护系统包括锚杆钻机、钢拱架拼装机和喷混系统等，其主要功能是在主机掘进后对隧洞围岩进行初期支护。后配套系统包括供风系统、电气系统、液压系统、水循环系统等，主要是为 TBM 掘进作业提供动力、风、水、电、气等保障，并提供其他的辅助施工。

1.1.2　TBM 工法特点

TBM 工法具有掘进效率高、成洞质量好、对围岩扰动小、施工安全环保等优点。与传统的钻爆法相比，TBM 施工具有显著优势，但也存在明显不足。TBM 在适宜的地质条件下可以持续、均衡、快速掘进施工，但极端恶劣地质条件下"寸步难行"。TBM 基本机型分为敞开式、单护盾和双护盾三类，不同机型的工程适应性存在明显差异，尚无能够应对所有地质条件、满足所有设计施工要求的"全能型"TBM，甚至极端恶劣地质条件下任何一种机型都无法适用。

（1）地质适应性。敞开式 TBM 适合在围岩整体较完整、具有相对良好自稳能力、整体性较好的围岩中掘进，采取必要的辅助措施可以在短距离恶劣地质条件下施工；单护盾 TBM 适合在围岩抗压强度相对较低、自稳能力较差但掌子面仍具有一定自稳能力的地质条件下施工；双护盾 TBM 适用于总体围岩自稳能力较好、自稳能力较差洞段比例不大、塑性变形较小的隧道。

敞开式 TBM 初期支护与超前处理手段相对灵活，采用新奥法人工干预的条件相对较好，盾体较短且具有一定的径向伸缩能力，有一定变形适应能力，卡盾风险相对较小，应对地质风险的能力较强，但洞底落渣清理工作量明显高于护盾式 TBM。

（2）支护结构。敞开式 TBM 开挖及初期支护后，再施作二次衬砌，Ⅰ、Ⅱ级围岩及条件较好的Ⅲ级围岩（有的称之为Ⅲa）条件下甚至可以不做任何支护；护盾式 TBM 无初期支护，以管片作为支护结构，其中单护盾 TBM 需要管片提供掘进反力，必须全洞段拼装管片，而双护盾 TBM 原理上可以在良好围岩条件下不做任何支护，在欠佳的地质条件下拼装管片。

（3）构筑物结构强度、耐久性。敞开式 TBM 所施工的隧道采用现浇混凝土二次衬砌，具有显著优势；护盾式 TBM 采用预制管片作为永久支护结构，管片错台、开裂、密封失效风险高，并且管片背后回填密实度可靠性不高，显然逊色于现浇混凝土衬砌结构。

（4）掘进速度。通常情况下敞开式 TBM 和双护盾 TBM 在Ⅰ～Ⅲa 级围岩条件下具有基本相同的掘进速度，能够适应其他地质条件下双护盾 TBM 的掘进速度更优；单护盾 TBM 由于掘进和拼装管片交替施工，纯掘进时间利用率较低，因而掘进速度相对较慢，但在能够适应而自稳能力欠佳的地质条件下其速度优于敞开式 TBM，甚至高于双护盾 TBM。

（5）综合成洞速度。双护盾 TBM 掘进和管片拼装同步作业，并且以管片作为支护结构，因而其综合成洞速度最快；单护盾 TBM 由于掘进与管片拼装交替作业，综合成洞速度明显低于双护盾 TBM；敞开式 TBM 边掘进边施作初期支护，不良地质条件下初期支护和其他施工措施占用时间较长，隧道贯通后或者适宜的断面下可以同步衬砌，其综合成洞速度明显低于双护盾 TBM。单护盾 TBM 和敞开式 TBM 综合成洞速度，需要视地质条件、支护工作量、断面大小而定，无法一概而论。

（6）开挖洞径。三种机型均可以设计成不同的刀盘直径，进行不同洞径的开挖施工。但对于 3m 左右的小洞径或 3m 以下的超小洞径，TBM 内空间狭小，难以采用双护盾或单护盾 TBM，一般采用敞开式 TBM 掘进施工。用于超小洞径开挖的微型 TBM 一般应进行针对性设计，比如通过缩减不必要的后配套以提高空间利用率、优化通风和出渣运输方式等措施，提高整机掘进效能。

（7）成本。在相同断面以及隧洞长度下，三种机型的开挖价格总体上基本持平，敞开式 TBM 以现浇混凝土作为永久支护结构，必要时施作初期支护，甚至部分洞段允许无支护结构，因而其综合成本最低；护盾式 TBM 以预制混凝土管片作为永久支护结构，其成本显著高于敞开式 TBM；单护盾 TBM 掘进速度低于双护盾 TBM，因而其综合成本高于双护盾 TBM。

1.2　小断面 TBM 工程应用综述

目前，国内外小断面 TBM 应用的工程案例较少，直径范围一般为 3～5m，掘进长度范围在 2～10km（表 1.2-1）。由于隧洞断面较小，小断面 TBM 主要用于水利水电工程引水隧洞开挖，主要有凯式、主梁敞开式、护盾敞开式、护盾式等不同机型。

国内外小断面 TBM 工程应用案例　　　　　表 1.2-1

开始时间/年	工程项目	TBM 机型	直径/m	掘进长度/km	国家
2018	Parmer 航线污水拦截项目	双护盾	2.46	3.475	美国
2018	俄西灌区引水隧洞	敞开式	2.5	1.2	中国
2016	大贝鲁特供水工程	凯式（两台）	3.5	22.7	黎巴嫩
2019	文登抽水蓄能电站	敞开式	3.53	2.314	中国
2003	掌鸠河引水工程上公山隧洞	双护盾	3.65	5.5	中国
2008	引红济石工程青峰峡隧洞	双护盾	3.75	9.398	中国
2013	旁多水利枢纽工程	敞开式	4.0	9.929	中国
2017	鄂北调水工程宝林隧洞	敞开式	4.03	10.56	中国
2020	北江引水工程	敞开式	4.5	10.2	中国
2009	那邦水电站	敞开式	4.5	7.8	中国
2003	大同塔山矿井工程	双护盾	4.82	3.5	中国
1993	引黄入晋工程	双护盾	4.819	13.46	中国
			4.82	20.19	
			4.88	21.28	
			4.895	21.32	
			4.92	25.94	
2015	故县引水工程	敞开式	5.0	6.64	中国

国内小断面 TBM 的应用始于 1966 年研制的首台国产 TBM，直径为 3.5m，用于云南洱河水电站引水隧洞掘进。在 1966—1984 年，国内制造了一些 5m 以下的小断面 TBM，如 1969 年广州市机电工业局制造了一台直径为 4.0m 的 TBM，用于在花岗岩和石灰岩地层中掘进；1970 年萍乡矿务局机修厂制造了一台 2.6m 的 TBM，用于萍乡青山矿的巷道掘进施工。这一时期的国产 TBM 断面尺寸较小，多用于引水隧洞或煤矿巷道的掘进开挖，掘进距离较短，掘进效率及自动化程度较低。

1984 年以后，通过技术引进以及自主创新等方式，国内 TBM 制造及应用开始快速发展。在小断面 TBM 方面，山西省万家寨引黄入晋工程于 1993 年开始相继使用 6 台由美国 Robbins 和法国 NFM 公司生产的双护盾 TBM，其中 5 台为 5m 以下小断面 TBM。在后续的大同塔山矿井工程（直径 4.82m）、掌鸠河引水工程上公山隧洞（直径 3.65m）和引红济石工程青峰峡隧洞（直径 3.75m）中均采用双护盾 TBM 掘进。但由于上公山隧洞和青峰峡隧洞突水涌泥、围岩变形塌方严重，导致 TBM 卡机频繁，停机时间过长，最后上公山隧洞改为钻爆法施工。由于岩体尺寸效应，在相同的地质条件下，小断面隧洞围岩稳定性更好，初期支护作业较少，为避免TBM遭遇不良地质时卡机，后续国内普遍采用敞开式TBM掘进开挖。近年来，由中铁十八局和中国铁建重工集团股份有限公司（简称铁建重工）联合生产了一种新型敞开式TBM，采用护盾式主机结构，解决了传统主梁敞开式TBM断面空间狭窄的问题，其在北江引水隧洞工程中取得了成功应用。下面将对几个典型的小断面TBM工程进行介绍分析。

（1）引红济石工程青峰峡隧洞

引红济石工程位于陕西省太白县，主要通过青峰峡隧洞自汉江水系红岩河向渭河支流石头河调水。隧洞全长19.76km，最大埋深450m。隧洞出口段采用双护盾TBM掘进开挖，开挖长度为9.398km，开挖直径3.75m。TBM洞段以Ⅲ类和Ⅳ类围岩为主，另有约5%的Ⅴ类围岩。TBM施工洞段断层分支和次生断层较多、地下水丰富、围岩收敛变形严重、突泥涌水量大、围岩软硬不均，导致TBM在掘进期间卡机66次，停机时长达到3年。通过采用大管棚工艺对不良地质进行改良，并对TBM关键部件（如液压泵等）进行升级改造后，历时9年最终实现隧洞全线贯通。

（2）那邦水电站

那邦水电站位于云南省盈江县，其主要由大坝枢纽、引水隧洞和厂区枢纽组成。其中引水隧洞全长9.8m，采用TBM掘进开挖，其开挖长度为7.8km，开挖直径为4.5m。隧洞围岩以弱风化—微风化岩体为主，Ⅱ类和Ⅲ类围岩占比总和为78%，Ⅳ类和Ⅴ类围岩中存在断层破碎带、蚀变带大变形及突涌水等问题。该引水隧洞采用传统的主梁敞开式TBM（图1.2-1）掘进施工，存在设备维修和围岩支护作业空间狭窄、物资及人员运输困难等问题，TBM利用率仅为26%，最高月进尺581m。

图1.2-1　那邦水电站引水隧洞TBM

（3）大贝鲁特供水工程

大贝鲁特供水工程位于黎巴嫩首都，主要由一条全长约22.7km的引水隧洞组成。引水隧洞开挖洞径3.53m，设计最小转弯半径300m，最大埋深约为200m。隧洞围岩以硬岩或坚硬岩为主，Ⅰ类和Ⅱ类围岩占比总和为85.6%。为适应小转弯半径的需要，设计采用凯式 TBM（图 1.2-2）进行隧洞掘进开挖。与主梁式 TBM 相比，凯式 TBM 采用无主梁式设计，由内凯和外凯组成，推进油缸后置，撑靴位置更靠前，转弯半径更小。此外，凯式 TBM 撑靴数量多、分布区域广、接触面积大、可独立控制，能够更好地适应软岩、断层破碎带等不良地层。最高日进尺 94.67m，最高月进尺 1244m。

图 1.2-2　大贝鲁特供水工程引水隧洞 TBM

（4）鄂北调水工程宝林隧洞

鄂北地区水资源配置工程简称鄂北调水工程，输水路线全长 269.672km，输水线路上共有 55 座隧洞，总长 119.43km。其中输水干渠宝林隧洞全长 13.84km。由于环保要求影响，隧洞进出口段采用钻爆法开挖，隧洞中部采用 TBM 开挖，开挖距离 10.56km，开挖直径 4.03m，最大埋深约 700m。隧洞围岩以Ⅱ类、Ⅲ类为主，占比总和达到 84.1%，Ⅳ类和Ⅴ类围岩洞段含多处断层破碎带。该隧洞采用传统的敞开式 TBM 掘进施工，日平均进尺 13.54m，最高日进尺 32.9m，平均月进尺 381m，最高月进尺 520m。

（5）文登抽水蓄能电站

文登抽水蓄能电站位于山东省威海市文登区，蓄能电站主要包括上、中、下三层排水廊道，均采用 TBM 施工，开挖洞径均为 3.5m。抽水蓄能电站排水廊道隧洞围绕地下厂房修建，受线路布局等客观条件限制，其曲线转弯半径要求极小，多为 30～50m。传统的 TBM 施工时水平转弯半径多在 200m 以上，无法满足该工程 30m 超小转弯半径的需求。由中铁装备公司生产的"文登号" TBM 首次在双护盾 TBM 基础上，取消尾盾、辅推油缸、管片拼装机等设计，结合敞开式 TBM 的锚网喷支护系统对 TBM 整机进行集成设计，整机长度仅为 37m。为实现超小转弯半径掘进，推进系统采用了"V"形设计，由 8 根推进油缸组成，推进油缸轴向布置在前盾与支撑盾之间，与前盾、支撑盾球铰连接，相邻 2 个推进油缸呈"V"形设置（图 1.2-3）。直线段最高日进尺 20.548m，曲线段最高日进尺 11.165m。在以Ⅱ、Ⅲ类为主的花岗岩地层中，TBM 平均月进尺约为 300m（含曲线段），出洞轴线偏差控制在 50mm 以内。

图 1.2-3　文登抽水蓄能电站隧洞 TBM

（6）北江引水工程

北江引水工程位于广东省清远市，包括一条输水管线和 3 条输水隧洞（2 号、3 号和 4 号）。其中，4 号隧洞采用 TBM + 钻爆法施工，TBM 开挖长度为 10.2km，开挖直径为 4.5m。隧洞围岩以Ⅱ类和Ⅲ类围岩为主，约占 90%，但存在多条规模较大的断层。常规主梁式 TBM 在软弱破碎围岩条件下，撑靴无法撑紧掘进，有时会导致变形塌方，且主梁占据空间较大，围岩支护和设备维修的作业空间狭窄，人员和物资运输困难。因此，中铁十八局和铁建重工联合设计生产了一种新型敞开式 TBM（图 1.2-4），其采用护盾式主机 + 滑车的结构模式，将主驱动、撑靴等集成在护盾中，取消尾盾、管片拼装机等部分，将通风、除尘、皮带机以及支护设备等布置在后配套滑车中。相较于那邦水电站传统敞开式 TBM 较低的利用率（26%），北江引水新型敞开式 TBM 提高了 9%，达到 35%。新型敞开式 TBM 最高月进尺 701.68m，平均月进尺 442.52m。

图 1.2-4　北江引水隧洞 TBM

1.3　小断面隧洞开挖工法比选

1.3.1　工程基本情况

十堰市中心城区水资源配置工程是以潘口水库为水源，通过新建潘口水库至马家河水库引水干线，另通过新建马家河水库至百二河水库引水支线，向城区补充生态用水。马家河水库至百二河水库引水支线隧洞（以下简称"马百支线"）是十堰市中心城区水资源配置工程的重要组成部分，马百支线工程从主线下游约3000m处以隧洞的形式引水，设置塔式进水口，采用无压引水方式，引水流量为0.5m³/s。支线起点桩号为K0+000，位于海拔288.2m高程；支线终点桩号为K4+155，位于海拔286.2m高程。支线隧洞全长为4155m，隧洞断面直径仅为2.53m（图1.3-1）。

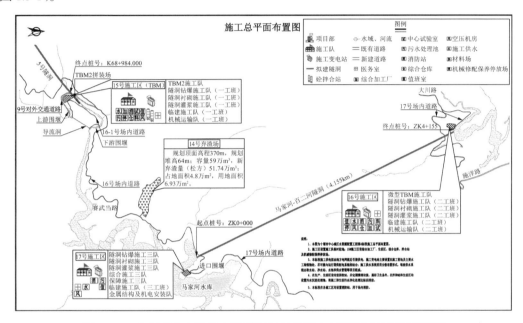

图1.3-1 十堰市中心城区水资源配置工程第4标段施工总平面布置图

隧洞沿线为侵蚀剥蚀构造中等切割中低山地貌区，穿越主要地层有武当群双台组（Pt_2S_1、Pt_2S_3）、晋宁期侵入岩$\beta\mu_2$（图1.3-2），岩性主要为白云钠长片岩和绢（白）云石英片岩，含黑云钠长浅粒岩及辉绿岩（表1.3-1）。图1.3-2及表1.3-1为勘察设计阶段提供的地层地质信息，与实际揭露地层情况在里程桩号存在一定程度的出入。

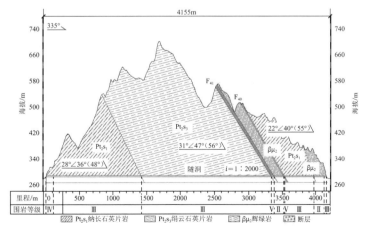

图1.3-2 隧洞地质断面图

马家河至百二河隧洞围岩分段工程地质条件　　　　表 1.3-1

序号	桩号	长度	围岩类别	出露地层	工程地质条件及评价
1	K0+000~ K0+107	107	Ⅳ	Pt_2S_1	该段为武当群双台组薄—中层钠长石英片岩，弱—微风化状（图 1.3-3 桩号 56.544-72.798），天然含水状态下岩石单轴抗压强度为 51~122MPa，单轴饱和抗压强度为 36~95MPa，岩质不均一，属硬质岩，变形模量为 4~6GPa。 该段洞身埋深较薄（埋深 10~24m），岩体裂隙发育，地下水以基岩裂隙水形式赋存，水量较为贫乏。围岩类别为Ⅳ、Ⅴ类。 该段洞身埋深较薄，地面分布民房和公路，建议施工时采用短进尺、弱爆破等施工方法，以减轻扰动
2	K0+107~ K3+325	3218	Ⅲ	Pt_2S_1 Pt_2S_3	该段为武当群双台组薄—中层钠长石英片岩、绢云石英片岩（图 1.3-4 桩号 266.942-280.688），天然含水状态下岩石单轴抗压强度为 51~122MPa，单轴饱和抗压强度为 36~95MPa，岩质不均一，属硬质岩，变形模量为 4~6GPa。该段裂隙较发育，地下水以基岩裂隙水形式赋存，水量较为贫乏
3	K3+325~ K3+366	41	Ⅴ	断层	该段为区域性断裂 F41 通过处，岩体为碎裂岩（图 1.3-5 桩号 3355.244-3363.517），破碎影响带宽约 41m，岩体结构类型为碎裂状。地下水富集，施工期间可能产生涌水突泥，需采取适当加固措施，选用合适可行的施工工法
4	K3+366~ K3+522	156	Ⅱ	$\beta\mu_2$	桩号 K3+366~K3+509 段岩性为晋宁期βu_2辉绿岩（图 1.3-6 桩号 3364.540-3371.599），天然含水状态下岩石单轴抗压强度为 47~115MPa，单轴饱和抗压强度为 44~102MPa，岩质较为均一，属硬质岩，变形模量为 10~18GPa。围岩类别为Ⅱ类。 桩号 K3+509~K3+522 处受区域性断裂 F40 影响，岩体为碎裂岩，破碎影响带宽约 13m，岩体结构类型为碎裂状。地下水富集，施工期可能产生涌水突泥，需采取适当加固措施，选用合适可行的施工工法。围岩类别为Ⅴ类
5	K3+522~ K3+961	439	Ⅲ	Pt_2S_1	该段岩性为武当群双台组第一亚组薄—中层钠长石英片岩（图 1.3-7 桩号 3769.744-3773.461），天然含水状态下岩石单轴抗压强度为 51~122MPa，单轴饱和抗压强度为 36~95MPa，岩质不均一，属硬质岩，变形模量为 4~6GPa。该段裂隙较发育，地下水以基岩裂隙水形式赋存，水量较为贫乏。围岩类别为Ⅲ类
6	K3+961~ K4+113	152	Ⅱ	$\beta\mu_2$	该段岩性为晋宁期侵入岩βp_2辉绿岩（图 1.3-8 桩号 4057.4-4058.814），天然含水状态下岩石单轴抗压强度为 47~115MPa，单轴饱和抗压强度为 44~102MPa，岩质较为均一，属硬质岩，变形模量为 10~18GPa。该段裂隙轻度发育，地下水以基岩裂隙水形式赋存，水量较为贫乏
7	K4+113~ K4+155	42	Ⅲ	$\beta\mu_2$	该段岩性为晋宁期侵入岩βp_2辉绿岩，天然含水状态下岩石单轴抗压强度为 47~115MPa，单轴饱和抗压强度为 44~102MPa，岩质较为均一，属硬质岩，变形模量为 10~18GPa。该段裂隙较发育，主要受 2 组节理裂隙影响①产状 129°L61°；②产状 33°25°，地下水以基岩裂隙水为主，水量较为贫乏

马百支线隧洞围岩主要为坚硬岩，围岩类别以Ⅲ类为主，占拟建隧洞总长的 89%（表 1.3-2），在天然含水状态下岩石单轴抗压强度为 47~122MPa，单轴饱和抗压强度为 36~102MPa。因此，隧洞围岩整体较好，钻爆法、顶管法、TBM 法施工均适用。

第1章 微小断面硬岩隧洞TBM施工必要性

图 1.3-3 薄层—中厚层状石英片岩夹少量深灰色薄层状绢云母片岩

图 1.3-4 中厚层夹薄层状石英片岩

图 1.3-5 厚层块状辉绿岩

图 1.3-6 厚层块状辉绿岩

图 1.3-7 辉绿岩（片理较发育，岩体完整性总体较差）

图 1.3-8 辉绿岩（岩性较坚硬，围岩总体较干燥，局部有渗水滴水、线状流水）

围岩类别及长度统计表　　表 1.3-2

围岩类别	围岩长度/m	百分比	备注
Ⅱ	308	7.4%	
Ⅲ	3699	89%	
Ⅳ	107	2.6%	
Ⅴ	41	1%	可能存在突水涌泥等施工风险

1.3.2 钻爆法施工

钻爆法是当前国内外常用的隧道开挖方法，采用钻爆法施工对地质条件适应性强，同时不受断面形状和尺寸的限制。马百支线隧洞全长为4155m，隧洞断面直径为2.53m，隧洞围岩主要为坚硬岩，因此，根据马百支线隧洞的基本情况并结合钻爆法施工的特点，采用钻爆法施工是可以考虑的。钻爆法施工的优缺点分析如下：

1）施工安全与环境

（1）钻爆法施工采用炸药破岩，在距离隧洞出口500m左右有村落，产生的噪声对村民影响较大。

（2）钻爆法施工需要钻孔、爆破、出渣，机械设备较多，由于隧洞断面较小，作业空间有限，同时在不良地质条件下，掌子面会出现塌方、突泥涌水等灾害，对隧洞施工人员有较大的安全风险。

（3）钻爆法施工造成洞内污染气体较多、灰尘浓度较重、噪声较大，不利于洞内作业人员的身体健康。特别是小断面隧洞，很难满足规范要求的通风程度，极大地影响作业人员的健康。

2）施工质量

钻爆法能够适应各种隧道断面形式和地质条件，灵活性和适应性强，应用广泛。但对围岩的扰动破坏性较大，钻爆法初步设计为门洞形断面，受力条件较差，光爆效果难以控制，对围岩的扰动约为2倍洞径。

3）施工工期

（1）马百支线隧洞比较长，没有修建支洞的条件，采用钻爆法施工，采用机械自卸汽车出渣，隧洞沿途需修建较多错车洞室，运输车辆洞内错车频次高，物料运输效率低，进而影响施工效率。

（2）洞身开挖施工拟采用新奥法光面爆破全断面双向开挖，开挖采用YT28风动凿岩机钻孔，人工钻爆台架装药爆破。由于开挖断面小，单次爆破进尺受到限制，Ⅱ类围岩洞段钻爆循环进尺1m，Ⅲ类围岩洞段为1.5m，Ⅳ、Ⅴ类围岩洞段为0.75m。据此，可计算出采用钻爆法施工总耗时为41.5个月（表1.3-3）。

马百支线开挖工序表　　表1.3-3

围岩类别	测量放线/h	钻孔/h	装药爆破/h	通风散烟/h	系统支护/h	出渣/h	循环时间/h	循环进尺/m	月进尺/m
Ⅱ类	0.5	2	1	0.5	2	2	8	1	75
Ⅲ类	0.5	2	1	0.5	2	2	8	1.5	112.5
Ⅳ/Ⅴ类	0.5	3	1	0.5	2.5	4.5	12	0.75	37.5
备注	1. 考虑时间利用系数和其他因素影响，每月按25个工作日计算； 2. 根据开挖作业循环时间及围岩类别比例，并考虑时间利用系数和其他因素影响，开挖月进尺估算为：100m/月								施工耗时41.5个月

4）施工投资

马百支线采用钻爆法施工预算总额为 4991.68 万元，其中马百支线隧洞（包含洞口及主洞工程）施工预算为 3069.54 万元，其余辅助工程预算为 1922.14 万元（表 1.3-4）。

钻爆法施工经济预算表　　　　表 1.3-4

工程分类	项目或费用名称	设计概算/万元	共计/万元
建筑工程	洞口工程	10.86	4991.68
	主洞工程	3058.68	
	引渠	60.82	
	进水塔	49.2	
	出口	19.61	
	干线出口消能建筑物	27.12	
机电设备及安装工程	百二河闸阀电气	7.14	
金结设备及安装工程	百二河闸阀电气	111.05	
临时工程	百二河支线围堰	821	
	场内交通道路	826.2	

1.3.3　顶管法施工

顶管法施工操作工序简便，通常用于短距离隧洞工程。马百支线隧洞全长为 4155m，且断面直径为 2.53m，围岩较好，无须做二次衬砌。因顶管法施工需要安装管道和设置大量的中继间（100～200m 设置一个中继间），导致施工成本较高。虽然顶管法施工投资高，但是在本工程是可以考虑的。采用顶管法施工的优缺点分析如下：

1）施工安全与环境

（1）顶管法施工过程中，通常隧道内无人作业，隧洞全程处于钢筋混凝土保护下的全封闭环境，安全性更高。

（2）顶管法施工相较于钻爆法对地层扰动小。

（3）顶管法利用系统化设备施工，在减少扬尘、噪声、振动等方面具有显著优势，对周边环境影响较小，能够最大程度地保护原有地形地貌和原有植被。

2）施工质量

采用顶管法施工，开挖隧洞一次成型，成洞质量好，管材工厂化生产，精度高，质量可控。

3）施工工期

马百支线工程采用顶管法施工，施工工期为 32.8 个月，相比于钻爆法施工（41.5 个月）

可提前8.7个月完工（表1.3-5）。

顶管进度指标及工期表　　　　表1.3-5

项目	围岩类别	围岩长度/m	掘进速度/(m/月)	工期/d
施工准备				152
顶管机制造、运输、进场				150
顶管机组装、调试				15
顶管机进口掘进	II		100	
	III	1970.5	200	246
	IV	107	350	8
	V		300	
顶管机拆卸、回退				80
顶管机检修、组装、调试				30
顶管机出口掘进	II	308	100	77
	III	1728.5	200	216
	IV		350	
	V	41	300	
顶管机拆卸、回退、退场				80
合计				984（32.8个月）

4）施工投资

马百支线采用顶管法施工预算总额为9143.94万元，马百支线隧洞（包含洞口工程、进出口始发井及主洞工程）预算为6645.75万元（表1.3-6）。与钻爆法相比，采用顶管法施工预算总额增加4152.26万元，马百支线隧洞预算增加3576.21万元，采用顶管法施工投资预算较高。

顶管法施工经济预算表　　　　表1.3-6

工程分类	项目或费用名称	设计概算/万元	共计/万元
建筑工程	洞口工程	19.25	9143.94
	进出口始发井	394	
	主洞工程（开挖顶进费用）	6232.5	
	消力池	20.63	
	进水塔	89.5	
	出口	18.97	
	干线出口消能建筑物	26.08	

续表

工程分类	项目或费用名称	设计概算/万元	共计/万元
机电设备及安装工程	百二河闸阀电气	20.17	9143.94
金结设备及安装工程	百二河闸阀电气	109.84	
临时工程	百二河支线围堰	821	
	场内交通道路	162	
	施工供电工程	680	
	顶管机临时工程	550	

1.3.4 TBM法施工

TBM法施工针对不同的地质条件和隧道断面，需要设计成满足不同施工要求的TBM。由于马百支线隧洞的地层岩性主要为坚硬岩，围岩类别以Ⅲ类为主，TBM法施工主要适用于硬岩掘进地质条件，因此采用TBM法施工是可以考虑的。根据马百支线隧洞的基本情况并结合TBM法施工的特点从以下几点分析其优缺点：

1）施工安全与环境

（1）采用有轨运输出渣，避免运输线路交叉等因素干扰，降低安全风险。

（2）TBM法施工产生粉尘、烟雾较少，施工人员健康可得到有效保障。另外，TBM法施工可避免或减少对围岩的扰动，有效地降低地面沉陷等施工风险，避免对周围民房和公路的影响。

（3）按照原钻爆法施工方案，马家河水库需放水1000多万立方米，便于支线进水口侧围堰及隧洞掘进，减小了城市供水保证率。而TBM能在枯水期出洞，可减少水域占地，利于环保，并且减小马家河水库放水损失及征地补偿。

（4）TBM法施工人员可在刀盘内、护盾尾部等安全环境下作业，有效地避免爆破施工可能造成的人员伤亡，事故发生率大幅度降低。

（5）隧洞Ⅴ类围岩总长41m，占拟建隧洞总长的1%，虽然围岩长度占比较小，但在断层及断层影响带处，地下水富集，可能存在突水涌泥等情况，可能对TBM造成卡机的风险。

2）施工质量

TBM法施工采用刀具挤压、切割方式破岩，超挖量少，在地质相对较好的Ⅱ、Ⅲ类以上围岩基本没有超挖，形成光滑的圆形断面，有利于结构稳定和通水。

3）施工工期

采用TBM法施工在Ⅱ级围岩下掘进速度为180m/月，Ⅲ级围岩下掘进速度为220m/月，Ⅳ级围岩下掘进速度为100m/月，Ⅴ级围岩下掘进速度为80m/月。TBM法施工与钻爆法相比，施工工期可提前16.9个月；与顶管法相比，施工工期提前8.2个月（表1.3-7）。

TBM 进度指标及工期表　　　　　　　　表 1.3-7

项目	围岩类别	围岩长度/m	掘进速度/（m/月）	工期/d
前期准备				20
TBM 制造				100
开挖	Ⅱ	308	180	51
	Ⅲ	3699	220	504
	Ⅳ	107	100	32
	Ⅴ	41	80	15
组装调试				10
拆卸				5
合计				738（24.6 个月）

4）施工投资

马百支线采用 TBM 法施工设计概算总额为 5646.73 万元，马百支线隧洞（包含洞口工程、始发洞和接应洞及主洞工程）预算为 3622.15 万元（表 1.3-8），与钻爆法相比，采用 TBM 法施工预算总额增加 655.05 万元；与顶管法相比，采用 TBM 法施工预算总额减少 3497.21 万元。

TBM 法施工经济预算表　　　　　　　　表 1.3-8

工程分类	项目或费用名称	设计概算/万元	共计/万元
建筑工程	洞口工程	19.25	5646.73
	始发洞、接应洞	67.52	
	主洞工程	3535.38	
	进水塔	89.50	
	消力池	20.63	
	出口	18.97	
	干线出口消能建筑物	26.08	
机电设备及安装工程	百二河闸阀电气	20.17	
金结设备及安装工程	百二河闸阀电气	109.84	
临时工程	百二河支线围堰	735.80	
	场内交通道路	162.00	
	施工供电工程	321.00	
	TBM 临时工程	520.59	

1.4 开挖方案比选

根据马百支线隧洞工程基本情况，采用钻爆法施工、顶管法施工、TBM 法施工都可以。其中，钻爆法对地层的适应性强、施工成本最低，但存在施工环境差、工序复杂、独头通风和运输受限、围岩扰动大、安全性差，以及工程进度慢等问题，难以实现安全高效施工，不能尽早为百二河生态修复工程提供水源条件。顶管法施工具有施工安全性高、环保、施工质量高等诸多优势，虽然掘进速度比钻爆法快，但施工过程中需安装管道和设置大量的中继间，导致成本过高。TBM 法施工对围岩扰动少、作业环境好、掘进效率高，但在断层及断层影响带处，地下水富集，可能存在突水涌泥等情况，可能对 TBM 造成卡机的风险。

针对钻爆法、顶管法与 TBM 法施工分析的情况，根据马百支线隧洞的工程地质情况，从施工效率和造价等方面进行综合比选（表 1.4-1）。TBM 法施工与钻爆法相比，虽然预算总额增加 655.05 万元，但施工工期比钻爆法可提前 16.9 个月；与顶管法相比，采用 TBM 法施工预算总额减少 3497.21 万元，同时施工工期比顶管法提前 8.2 个月。

通过钻爆法、顶管法与 TBM 法综合比选，采用 TBM 工法具有三点优势：

（1）**能够缩短工期提前通水**，百二河生态修复工程于 2021 年底竣工，按照原设计方案（钻爆法）马百支线隧洞于 2024 年底通水，而**采用 TBM 法施工可提前约 16.9 个月贯通**，可早日发挥下游生态效益。

（2）**能够提高施工安全质量**，采用 TBM 法，施工人员可以在刀盘后方及护盾尾部等安全部位施工，能够有效避免爆破施工可能造成人员伤亡等重大安全事故的发生，同时超小直径硬岩 TBM 法施工成型断面为光滑的圆形断面，对围岩扰动小，岩体结构稳定，降低支护成本。

（3）**能够减少马家河水库放水损失及征地补偿**，按照原方案马家河水库需放水 1000 多万立方米以便支线进水口侧围堰施工及隧洞掘进，采用 TBM 施工则于枯水期贯通出洞，无需水库放水，提高了城市供水保证率。

综上所述，根据马百支线隧洞的基本情况并结合三种施工工法的特点，采用 TBM 法施工可达到安全、优质、高效、经济的效果，最终选用 TBM 法施工。

钻爆法、顶管法与 TBM 法综合对比表　　表 1.4-1

分类	项目	判定准则	钻爆法	顶管法	TBM 法
第一部分	设计及施工阶段	支护投入	不可控	可控	可控
		作业安全条件	低	高	高
		工作与健康保护	低	高	高

续表

分类	项目	判定准则	钻爆法	顶管法	TBM法
第一部分	设计及施工阶段	出渣效率	低	高	高
		岩石崩落的危险	高	低	低
		施工可操作性	高	极低	高
		工期	41.5 个月	32.8 个月	24.6 个月
		设计概算	4991.68 万元	9143.94 万元	5646.73 万元
第二部分	运行阶段	隧道断面	不定	恒定	圆形恒定
		隧道稳定性	一般	高	高
		开挖断面的利用率	一般	利于通水	利于通水
第三部分	竣工后	科技成果	少	—	多
		社会效益及市场前景	一般	—	高

1.5 微型 TBM 选型

1.5.1 TBM 选型

TBM 对地质的适应性是影响 TBM 整体施工工效的关键因素。在适宜地质条件下，TBM 施工效率较高；当选型与地质条件不匹配的情况下，会影响 TBM 掘进效能的发挥。不同 TBM 机型采用不同的护盾形式、撑靴形式、推进方式和支护方式。当遭遇不利地质条件，如塌方、岩爆、断层、蚀变等情况，TBM 施工能力会受到不同程度的限制。因此，考虑掘进速度、支护效果、卡机风险等因素，对敞开式、双护盾式和单护盾式三种 TBM 机型的地质适应性进行综合对比（表 1.5-1）。

三种 TBM 机型综合对比表　　　表 1.5-1

项目	TBM 类型		
	敞开式	双护盾	单护盾
常规地质适应性	Ⅱ～Ⅲ级围岩适应性好；Ⅰ级围岩掘进速度低，消耗大；Ⅴ级适应性差，掘进速度低且支护时间长	Ⅰ～Ⅳ级围岩适应性好；Ⅰ级围岩适宜但掘进速度低，消耗大；Ⅴ级适应性差，掘进速度低	Ⅳ、Ⅴ级围岩适应性好，Ⅲ级围岩次之；Ⅰ～Ⅱ围岩适应性差
断层破碎带	控制掘进、加强初支，可安全通过；较严重时，超前加固、控制掘进、加强初支，可安全通过，效率下降；严重时，适应性差—不适应	控制掘进，可安全通过，效率略有降低；较严重时，控制掘进，可安全通过，效率明显降低；严重时，适应性低于单护盾 TBM。总体，适应性较好	控制掘进，可安全通过，通常掘进效率下降幅度较小，严重时效率明显降低；总体适应性好
超前支护	较差	差，适应性最低	差
卡机风险	相同		

续表

项目		TBM 类型		
		敞开式	双护盾	单护盾
掘进速度	Ⅰ级围岩	慢		很慢
	Ⅱ级围岩	较慢—较快		慢
	Ⅲ级围岩	快	快	较慢—较快
	Ⅳ级围岩	较慢—较快	快	快
	Ⅴ级围岩	慢	慢—较慢	较快
施工地质描述		掘进过程中可直接观测到洞壁岩性变化，便于地质图描绘。地质勘测资料不详细时施工风险较小	不能系统地进行施工地质描述，也难以进行收敛变形量测。地质勘测资料不详细时，施工风险较大	

马百支线工程隧洞围岩岩性主要为石英片岩和辉绿岩，天然含水状态下岩石单轴抗压强度 51~122MPa，根据《工程岩体分级标准》GB/T 50218—2014 分类，该隧洞围岩主要为坚硬岩，围岩类别以Ⅲ类为主，占拟建隧洞总长的 89%（表 1.3-2）。由于本工程开挖断面小，单护盾 TBM 和双护盾 TBM 拼装机及配套吹填、注浆设备布置难以实现。对于双护盾 TBM，狭小空间内只能布置 5 根左右的主推油缸，因此调向难以控制，在局部调向过大的情况下，容易导致管片拼装难度大。超小断面内只能采用单线运输，管片运输量大，与出渣运输交错，调度运输难度大。本工程围岩整体质量较好，在无压输水条件下，可以不进行二次衬砌，在这种条件下，护盾式 TBM 施工效率会显著低于敞开式 TBM。同时，由于护盾式 TBM 需要安装管片，导致施工成本远高于敞开式 TBM。综上所述，确定选用**敞开式 TBM**。

1.5.2 微型 TBM 主要技术参数

微型 TBM 在空间受限的条件下，旋转和推进能力仍要满足正常掘进的要求。进行扭矩和推力等关键参数计算是设计微型 TBM 的核心环节。在小断面条件下，其合理设计是保证 TBM 顺利掘进的前提。

1）扭矩计算

TBM 掘进时刀盘实际的扭矩受地质条件影响而变化，在硬岩中掘进，需较大的推力，所需扭矩小；在软岩中掘进时，滚动阻力大，此时刀盘应能提供足够的扭矩。当围岩较硬时，需要刀盘转速较快，增加推力以提高瞬时贯入度；当在软弱围岩中掘进时贯入度大，引起滚动阻力增大，此时需要提高扭矩、降低刀盘转速。因此，需要针对工程地质条件，合理计算刀盘扭矩。

刀盘的扭矩一般按式(1.5-1)进行计算。

$$M = SD^2 \tag{1.5-1}$$

式中：M——刀盘扭矩；

S——扭矩系数；

D——刀盘直径。

根据马百支线开挖洞径需求，微型 TBM 刀盘设计直径为 2.5m。扭矩系数一般取值为 60（根据《全断面隧道掘进机 敞开式岩石隧道掘进机》GB/T 34652—2017）。通过计算可得刀盘所需扭矩为 375kN·m，为了确保顺利掘进，选用德国 Rothe Erde 公司生产的外径为 2300mm 和内径为 1702mm 的主机轴承，其设计额定扭矩为 480kN·m，能满足所需的扭矩要求。根据规范，设计最大脱困扭矩为设计额定扭矩的 1.5 倍，即为 720kN·m（刀盘转速为 0.3rpm 的情况下，获得最大的脱困扭矩）。

2）推力计算

TBM 在破岩推进时受到的推力主要包括刀盘推进反力、岩石与护盾间摩擦阻力和拖动后配套系统产生的阻力，需要对上述力分别进行计算。

（1）TBM 破岩推进时的总推力 F 为：

$$F = K_1 \times (F_1 + F_2 + F_3) \tag{1.5-2}$$

式中：K_1——储备系数（根据《全断面隧道掘进机 敞开式岩石隧道掘进机》GB/T 34652—2017，K_1 取值为 1.1～1.5）；

F_1——刀盘推进反力；

F_2——岩石与护盾间摩擦阻力；

F_3——拖动后配套系统产生的阻力。

（2）刀盘推进反力 F_1 为：

$$F_1 = N \times F_i \tag{1.5-3}$$

式中：F_1——TBM 刀盘推进反力；

F_i——每把滚刀额定载荷；

N——滚刀数量。

由于刀盘直径只有 2.5m，微型 TBM 拟采用整体式刀盘，布置 4 把 14 寸双刃滚刀，11 把 14 寸单刃滚刀，单把单刃滚刀的最大载荷为 157kN，双刃滚刀的最大载荷为 314kN。通过式(1.5-3)计算可得 TBM 刀盘推进反力为 2983kN。

（3）岩石与护盾间摩擦阻力 F_2 为：

$$F_2 = 9.8\mu W \tag{1.5-4}$$

式中：W——TBM 前面部分的总质量；

μ——TBM 外表面与隧洞壁之间的摩擦系数。

TBM 前面部分的总质量为 70t；TBM 外表面与隧洞壁之间的摩擦系数为 0.5（根据《全断面隧道掘进机 敞开式岩石隧道掘进机》GB/T 34652—2017）。通过式(1.5-4)计算可得岩石与护盾间摩擦阻力 F_2 为 343kN。

（4）拖动后配套系统产生的阻力F_3为：

设计的微型 TBM 是单个掘进循环完成后，再拖动后配套。因此，在掘进过程中未拖动后配套，故拖动后配套系统产生的阻力F_3为 0。

式(1.5-2)中的储备系数K_1取值为 1.5（最大储备系数），通过式(1.5-2)计算得 TBM 破岩推进时的总推力F为 4989kN，为了确保顺利掘进，设计主推进系统的最大总推力为 5698kN。

1.6 本章小结

（1）本章系统分析了 TBM 工法的发展历程，从地质适应性、支护结构、构筑物结构强度及耐久性、掘进速度、综合成洞速度、开挖洞径和成本等七个方面总结了 TBM 工法的特点。国内外典型的小断面 TBM 工程应用中不断积累和创新 TBM 设计与施工新技术，为小断面 TBM 法施工奠定了坚实的基础。

（2）根据马百支线隧洞工程基本情况，从施工安全与环境、施工质量、施工工期和施工投资四个方面分析钻爆法、顶管法、TBM 法三种工法的优缺点，从施工效率和造价等方面对隧洞开挖工法进行综合比选，由于 TBM 法施工具有快速、高效、安全、环保、质量高的优势，确定选用 TBM 法施工。

（3）考虑掘进速度、支护效果、卡机风险等因素，对敞开式、双护盾式和单护盾式三种 TBM 机型的地质适应性进行综合对比，马百支线隧洞围岩整体质量较好，在无压输水条件下，可以不进行二次衬砌，因此，护盾式 TBM 施工效率会显著低于敞开式 TBM。同时，由于护盾式 TBM 需要安装管片，导致施工成本远高于敞开式 TBM，最终选用敞开式 TBM 用于工程施工。为了确保顺利掘进，设计额定扭矩为 480kN·m，设计最大脱困扭矩为 720kN·m，设计最大总推力为 5698kN。

第 2 章

扫码查看本章彩图

微型 TBM 关键技术设计及制造

2.1 微型 TBM 设计难点及挑战

基于第 1 章工法比选和 TBM 选型,马百支线隧洞选用敞开式微型 TBM 掘进。常规直径的敞开式 TBM 主机、后配套和支护系统占据空间大,本隧洞断面直径仅为 2.53m,需精简设备配置,设计小直径的 TBM 以满足隧洞掘进需求。勘察设计资料表明,隧洞围岩质量较好,无需二次衬砌,洞内支护工作量少,因此,考虑通过精简支护功能和优化结构布置提高空间利用率,设计了一种适用于小断面隧洞掘进施工的微型 TBM,整机长度近 80m(图 2.1-1)。

微型 TBM 在小断面硬岩隧洞中掘进施工存在破岩效率低、断面空间小、设备布置难、物料运输及人员作业空间狭小等难题(表 2.1-1),因此需创新微型 TBM 设计关键技术:①通过优化刀盘刀具布局,设计新型刀座及配套刀具安装方式,缩小刀间距,采用特制 14 寸滚刀,提高单刀承载力,提高破岩效率;②通过设计狭窄空间特殊结构撑靴、紧凑型结构台车、集成可伸缩结构皮带机和无冷水箱变频供水与冷却系统,达到增大人员作业空间和物料运输空间的效果。

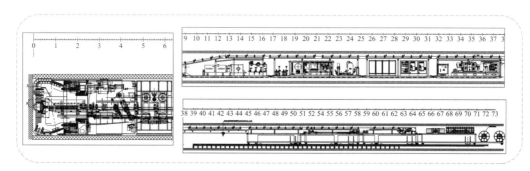

图 2.1-1 微型 TBM 结构示意图

微型 TBM 设计难点及措施表 表 2.1-1

序号	设计难点	措施
1	围岩强度高,破岩效率低	设计新型结构刀座,缩小刀间距
		定制特殊刀具,提高刀具额定承载力
2	断面空间小,设备布置难,物料运输及人员作业空间狭小	设计特殊结构撑靴装置
		优化紧凑型台车结构设计
		优化集成可伸缩结构皮带机设计
		优化精简变频供水与冷却系统设计

2.2 主机设计

马百支线隧洞施工所采用的微型 TBM 为新型护盾敞开式 TBM，主机长度为 6.5m，主要包括刀盘、前盾、主驱动、伸缩盾、推进油缸、撑紧盾等（图 2.2-1、图 2.2-2）。刀盘是 TBM 破岩的执行机构，安装于主驱动前方。主驱动位于前盾内，为刀盘破岩提供所需扭矩，包含主电机、减速机、驱动箱、主轴承和刀盘转接座等。TBM 前盾后部为伸缩盾，伸缩盾内布置有 5 个平行式推进油缸和 2 个扭矩油缸，前者为 TBM 提供掘进推力和换步拉力，后者为防止 TBM 盾体发生滚动提供作用力。撑紧盾内主要布置倒梯形新型撑靴，在 TBM 掘进时撑紧拱腰以上洞壁为掘进提供反力，换步时由推进油缸拖拽向前移动。新型撑靴是一个创新性设计，该设计克服了传统撑靴占用撑紧盾断面大的问题，让出更多的空间，使得皮带等能够布置在狭小空间内，实现 TBM 的整体功能。皮带机自刀盘内部贯穿前盾、伸缩盾、撑紧盾，延伸至后配套 3 号台车，负责将石渣从刀盘运输至矿车。通过上述设计，新型护盾式微型 TBM 主机成功克服了传统的主梁敞开式 TBM 主机空间不足的问题，在不影响正常掘进出渣功能的前提下，实现了狭小空间内微型 TBM 主机设计。

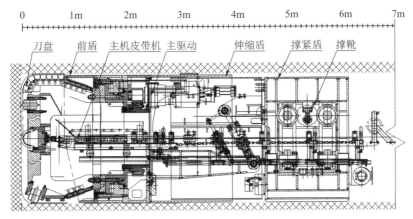

图 2.2-1 微型 TBM 主机结构示意图

图 2.2-2 微型 TBM 主机

2.3 微型刀盘刀具选型及参数配置

目前国内外针对 TBM 刀盘开展了刀盘结构设计、刀具布置、破岩机理、载荷预测等多个方面的研究工作，为使刀盘高效稳定运行，主要遵循均匀、对称、平衡性的刀具布置原则以及高承载能力滚刀及高抗冲击性能刀座匹配的设计理念。直径 4m 以上 TBM 刀盘采用分块式结构，可采用平面、球面或锥面形式；刀盘上呈米字形或螺旋线均匀布置中心双刃滚刀、单刃滚刀以及铲刀，滚刀安装基座采用嵌入式刀座，刀盘开口率小，刀间距易控制。对微型 TBM 刀盘而言，直径减小将直接导致刀具布置空间受限，影响刀具布置及其结构设计。小直径岩石顶管机刀盘采用"辐条+小面板"复合式结构均匀布置刀具，开口率大，刀间距大，不适用于坚硬岩隧洞掘进施工。

针对马百支线隧洞围岩主要为坚硬岩，Ⅱ类与Ⅲ类围岩占隧洞总长 96.1%的地质特征以及开挖断面小的特点，创新性地提出基于 C 形垫块设计的新型刀座及相应的刀具安装方法，结合力学性能校核最终形成平面刀盘方案。同时对 14 寸刀具进行改造，将其额定承载力提升至 15 寸刀具标准，在超小刀盘上实现增大推力、减小刀间距的效果，从而提高破岩能力。

2.3.1 新型刀座及刀具安装方式

马百支线隧洞微型 TBM 刀盘采用新型刀座和刀具安装方式，刀盘布置 14 寸滚刀，可将刀间距缩小至 75mm。刀盘具体布置 4 把双刃中心滚刀、3 把正面单刃滚刀和 8 把单刃边滚刀，总计 19 刃，具体如图 2.3-1 所示。

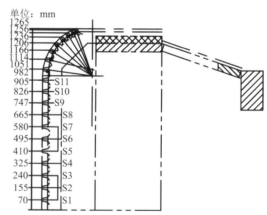

图 2.3-1 刀盘刀具及其布置图

1）刀座设计

微型 TBM 刀盘采用平面的面板式设计，在刀盘面板上设置刀座结构槽（图 2.3-2），刀座结构槽主要包括特制 C 形块安装槽和滚刀安拆通道，特制 C 形块通过拉紧螺栓固定在刀座结构槽上,如图 2.3-3 所示。

图 2.3-2 刀座结构槽

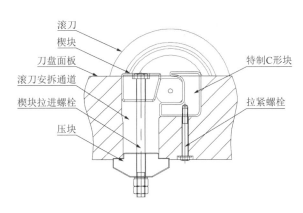

图 2.3-3 刀座示意图

2)刀具安装方式

为了匹配新型刀座,刀具采用如下安装方式:

(1)将滚刀放置在刀座结构槽处,通过滚刀安拆通道将滚刀向外推移,直至滚刀刀轴与特制 C 形块凹槽处于同一平行位置。

(2)采用撬棍等辅助工具将滚刀的刀轴平移至特制 C 形块凹槽内。

(3)安装楔块、楔块拉紧螺栓以及压块,通过紧固螺栓来固定滚刀,并进行扭矩校核。

(4)当需要拆除滚刀时,松动楔块拉紧螺栓,拆除压块、楔块和楔块拉紧螺栓,借助撬棍等工具将滚刀移出特制 C 形块凹槽,从滚刀安拆通道移出刀座结构槽。

2.3.2 刀盘设计有限元分析

微型 TBM 的刀盘结构形式为平面结构(图 2.3-4),刀盘钢结构采用 Q345C 材料制作。下面将采用有限元分析验证刀盘的强度和刚度是否满足设计要求。

图 2.3-4 微型 TBM 刀盘结构

1）工况条件

针对刀盘设计，现对该刀盘进行以下四种典型工况有限元分析（表2.3-1），计算其强度和刚度是否满足设计要求。

工况条件及特点　　　　　　　　表2.3-1

序号	工况条件	特点
1	标准负载工况	刀盘所有刀具均匀受到额定轴向载荷，主驱动输出额定扭矩
2	偏心负载工况	刀盘中约1/3数量的刀具（刀盘下部）承受3倍额定轴向载荷，主驱动输出额定扭矩
3	不均匀负载工况	刀盘中2把刀具承受3倍额定轴向载荷，主驱动输出额定扭矩，其余刀具承受额定轴向载荷
4	脱困模式	刀盘正面和外周承受一定岩层压力，主驱动输出脱困扭矩

2）结构分析软件及参考标准

（1）ANSYS 17.0

ANSYS是美国软件公司提供的有限元分析解决方案，是工业领域被广泛应用的有限元前后处理及分析系统。其开放式、多功能的体系结构将工程设计、工程分析、结果评估功能及交互图形界面集于一体，构成一个完整的CAE集成环境，能够有效满足TBM刀盘刀具在多种负载工况下的数值模拟需求。

（2）参考标准

① 《低合金高强度结构钢》GB/T 1591

② 《钢结构设计标准》GB/T 50017

3）刀盘材质选择及其力学性能

刀盘钢结构采用的材料为Q345C，根据现行国家标准《低合金高强度结构钢》GB/T 1591，材料的屈服极限见表2.3-2。

材料屈服极限表　　　　　　　　表2.3-2

序号	材料厚度/mm	屈服极限/MPa
1	$t \leqslant 16$	$\delta_s \geqslant 345$
2	$t > 16 \sim 40$	$\delta_s \geqslant 335$
3	$t > 40 \sim 63$	$\delta_s \geqslant 325$
4	$t > 63 \sim 80$	$\delta_s \geqslant 315$
5	$t > 80 \sim 100$	$\delta_s \geqslant 305$

4）安全系数

根据现行国家标准《钢结构设计标准》GB/T 50017，对于按承载能力极限状态计算的

钢结构,可变荷载的安全系数为:

$$\gamma = 0.9 \times 1.4 = 1.26$$

钢结构的结构重要性系数为:$\gamma_0 = 0.95$

因此,对于不同厚度的钢板,其屈服强度许用应力值见表 2.3-3。

钢板屈服强度许用应力值表 表 2.3-3

序号	材料厚度/mm	屈服强度许用应力值/MPa
1	$t \leqslant 16$	$[\delta_s] \geqslant 288$
2	$16 < t \leqslant 40$	$[\delta_s] \geqslant 279$
3	$40 < t \leqslant 63$	$[\delta_s] \geqslant 271$
4	$63 < t \leqslant 80$	$[\delta_s] \geqslant 263$
5	$80 < t \leqslant 100$	$[\delta_s] \geqslant 254$

5)软件输入条件数据

根据 1.5.2 节微型 TBM 刀盘扭矩设计参数范围,选取 510kN·m 和 720kN·m 两种扭矩工况进行计算;根据 1.5.2 节单把滚刀荷载设计参数范围,选取正面及边缘滚刀轴向载荷 200kN,中心双刃滚刀轴向载荷 400kN 进行计算。计算模型中,刀具所承受的轴向载荷施加在刀座正面上。

6)计算模型

根据实际的刀盘尺寸,建立刀盘有限元分析三维计算模型(图 2.3-5)。

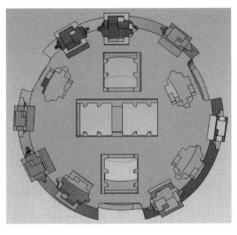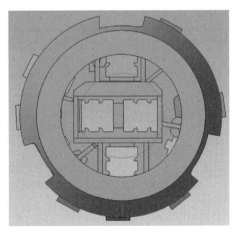

图 2.3-5 刀盘三维模型

对刀盘三维模型进行有限元网格划分(图 2.3-6),综合考虑计算精度和计算速度,划分模型网格单元数约 67 万,根据刀盘钢材 Q345C 的弹性参数范围,设置计算模型的弹性模量参数为 2.06×10^{11}Pa,泊松比为 0.3。

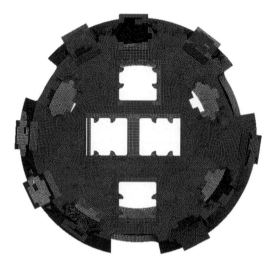

图 2.3-6 刀盘有限元网格划分

7)工况分析

针对微型 TBM 掘进过程中可能遇到的均匀良好的稳定岩层、软硬相兼的地层、软硬不均匀的地层以及 TBM 卡机工况,分别设置标准负载工况、偏心负载工况、不均匀负载工况和脱困工况四种工况,以此对刀盘受力进行模拟计算分析。

(1)标准负载工况

标准负载工况一般出现在均匀良好的稳定岩层中,假设掘进过程中所有刀具均参与破岩,且刀盘均匀承受来自主驱动施加的推力和扭矩。根据 5)确定的软件输入条件数据,设置正面及边缘滚刀轴向载荷 200kN,中心双刃滚刀轴向载荷 400kN,在大圆环外周施加扭矩 510kN·m,同时在刀盘和主驱动结合的刀盘法兰面上施加约束。

数值计算结果表明,刀盘最大应力出现在边缘刀座附近,最大应力值为 105.2MPa(图 2.3-7)。刀盘最大变形位于刀盘中心区域,最大变形值约为 0.26mm(图 2.3-8),相对于刀盘厚度(1405mm)的应变量约为 0.185‰。

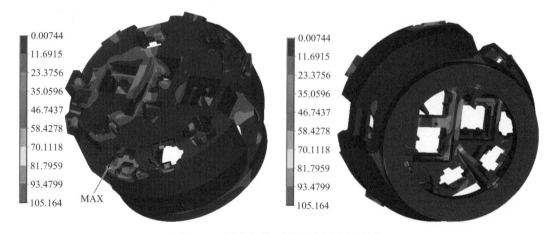

图 2.3-7 标准负载正面和背面应力云图

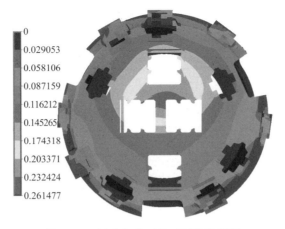

图 2.3-8　标准负载刀盘正面位移云图

（2）偏心负载工况

偏心负载通常发生在软硬相兼的地层中。在该工况下，与硬岩接触的部分刀具会承受大部分甚至全部主驱动输出的推力和扭矩。在不调整 TBM 推理和扭矩的情况下，假设刀盘中 1/3 数量的刀具受到 3 倍轴向载荷（单刃滚刀 3×200 kN 或双刃滚刀 3×400 kN），其余刀具不承受荷载，主驱动正常输出扭矩（510kN·m），并在刀盘和主驱动结合的大法兰面上施加约束。

数值计算结果表明，刀盘最大应力出现在边缘刀座附近，最大应力值为 184.8MPa（图 2.3-9）。刀盘最大变形位于刀盘中心区域，最大变形值约为 0.46mm，相对于刀盘厚度（1405mm）的应变量约为 0.327‰（图 2.3-10）。

（3）不均匀负载工况

不均匀负载通常发生在软硬不均的地层中，在此种工况下，刀盘上个别刀具承受载荷大于刀具额定载荷。假设刀盘上 1 把中心双刃刀承受 3 倍轴向载荷（3×400kN），其余刀具正常承受轴向载荷（单刃滚刀 200 kN 或双刃滚刀 400kN），主驱动正常输出扭矩（510kN·m），并在刀盘和主驱动结合的大法兰面上施加约束。

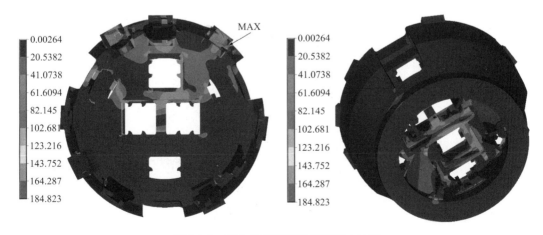

图 2.3-9　偏心负载正面和背面应力云图

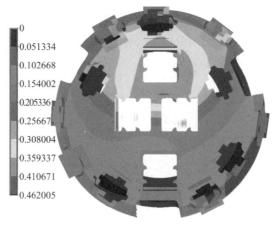

图 2.3-10 偏心负载正面和背面位移云图

数值计算结果表明,刀盘最大应力出现在刀盘面板和背板之间的支撑板上,最大应力值 142.1MPa(图 2.3-11)。刀盘最大变形位于刀盘中心区域,最大变形值约 0.40mm(图 2.3-12),相对刀盘厚度(1405mm)的应变量约为 0.285‰。

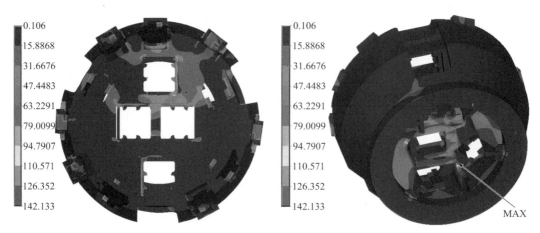

图 2.3-11 不均匀负载正面和背面位移云图

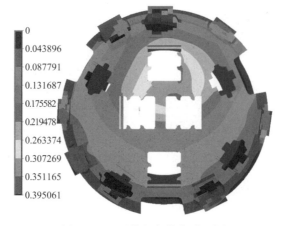

图 2.3-12 不均匀负载位移云图

（4）脱困工况

TBM卡机分为刀盘被卡和护盾被卡两种情况，在这里只对刀盘被卡的情况进行计算，即在额定扭矩输出下有可能无法转动刀盘，需要通过短时间内加大主驱动扭矩驱使刀盘转动。假设掌子面塌方岩石反作用于刀盘正面 2000kN 的反作用力，在刀盘外周上方施加 1000kN 的压力，主驱动输出脱困扭矩（720kN·m），并在刀盘和主驱动结合的大法兰面上施加约束。

数值计算结果表明，刀盘最大应力出现在刀盘边缘，最大应力值为 98.6MPa（图 2.3-13）。刀盘最大变形位于刀盘边缘区域，最大变形值约为 0.31mm（图 2.3-14），相对于刀盘厚度（1405mm）的应变量约为 0.221‰。

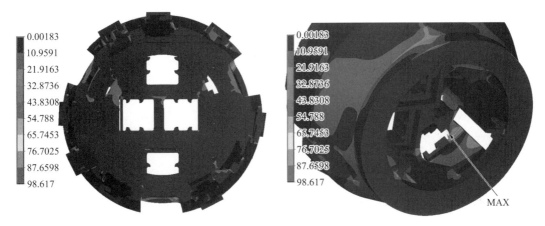

图 2.3-13　脱困模式正面和局部应力云图

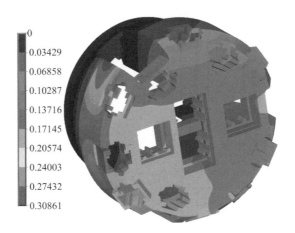

图 2.3-14　脱困模式位移云图

8）结论

上述四种工况计算获得的最大应力和最大变形汇总于表 2.3-4。结果表明，刀盘在偏心负载工况下最大应力值最大，为 184.8MPa，位于边缘刀座附近，此处设计钢板厚度为 240mm，其屈服强度许用应力值$[\delta_s] \geqslant 254$MPa，大于分析结果 184.8MPa；刀盘在偏心负载工况下最大变形值最大，约为 0.46mm，相对于刀盘厚度（1405mm）的应变量约为 0.327‰，整体应变量较小。

最大应力和最大变形结果　　　　　　　　　　　　　　　表 2.3-4

工况参数	标准负载工况	偏心负载工况	不均匀负载工况	脱困模式
最大应力值/MPa	105.2	184.8	142.1	98.6
最大应力位置	边缘刀座附近	刀盘面板和背板之间的支撑板上		刀盘边缘
最大变形值/mm	0.26	0.46	0.40	0.31
最大变形位置	刀盘中心区域			刀盘边缘区域
变形率	0.185‰	0.327‰	0.285‰	0.221‰

综上所述，在四种工况下，该刀盘的强度和刚度均满足设计要求。

2.3.3　特制刀具研究与应用

微型 TBM 刀盘上设置 15 把 14 寸滚刀，共计 19 刃。14 寸滚刀单刃额定载荷为 125kN，TBM 刀盘推进反力 F_1 计算如下：

$$F_1 = \sum_{i=1}^{m} F_{ni}$$

式中：m——滚刀数量，取 $m = 19$，扩孔刀轴向承载力小，忽略不计。

$$F_1 = 125 \times 19 = 2375 \text{kN}$$

微型 TBM 设计的掘进推力上限为 5698kN，但上述计算表明 14 寸滚刀能承担的最大 TBM 刀盘反力远小于这一掘进推力上限，无法较好地发挥微型 TBM 掘进性能。因此，对 14 寸滚刀进行改造（图 2.3-15），将原承载能力 125kN 的轴承更换为 176kN 的轴承，使得改造后的刀具能够承受 176kN 的载荷。TBM 刀盘推进反力计算如下：

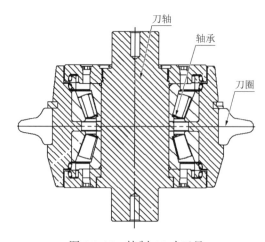

图 2.3-15　特制 14 寸刀具

$$F_1 = 176 \times 19 = 3344 \text{kN}$$

采用特制刀具能够将刀盘刀具的可承受推力上限提升至 3344kN,可有效提高掘进能力。

2.4 狭窄空间撑靴特殊结构设计

传统的撑靴油缸沿拱腰位置上下对称布置,通过两组撑靴油缸同时伸出使撑紧盾的左右撑靴撑紧洞壁,这种撑靴结构占据撑紧盾断面空间大,会导致微型 TBM 电气液压管线、皮带机、人员通道和物料运输通道布置空间不足的问题。

为了解决上述难题,设计了一种适用于狭窄空间的倒梯形新型撑靴(图 2.4-1),首创将撑靴撑于拱腰以上洞壁。该新型撑靴由撑靴、撑靴油缸、限位块、支撑架,以及撑靴铰接座及销轴等构成。在掘进或拖拉后配套时,撑靴油缸伸出,撑靴上部随撑靴油缸伸出向外移动,撑靴下部以撑紧盾上的铰接座为中心转动,直至撑靴与岩壁贴合踩实,为微型 TBM 施工提供推进反力。换步时,撑靴油缸收回,带动撑靴以铰接座中心为圆心旋转,向内回收,使撑靴与岩壁脱离。左右铰接座与撑靴油缸组成的三角形断面空间为皮带布置区域,皮带下方为物料运输预留通道。

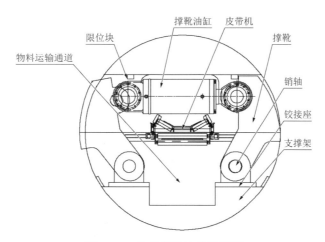

图 2.4-1 新型撑靴结构示意图

2.5 紧凑型台车结构设计

为满足微型 TBM 掘进开挖功能,后配套台车采用平台式滑车 + 连接桥 + 轮轨式门架台车相结合的方式。在狭小空间内布设 4 节平台式滑车,分别配置除尘风机、液压和内循环水泵站、变压器、配电柜等设备;布设 1 节连接桥,预留铺设区域;布设 4 节台车,预留矿车接渣空间。

(1)平台式滑车

在微型 TBM 第 1 节滑车前部布设拖拉油缸,用于连接撑紧盾与滑车,滑车之间采用销轴连接，第 4 节滑车后部通过连接桥与轮轨式门架台车相连。微型 TBM 主要设备布设在平台式滑车上。平台式滑车（图 2.5-1）顶部布设皮带机和风筒，左侧（掘进方向，下同）布设设备，右侧（掘进方向，下同）作为物料运输通道，运输通道旁边布设配重块。

 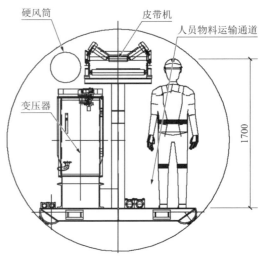

图 2.5-1　平台式滑车及其结构示意图

（2）连接桥

连接桥为单跨梁结构，用于连接滑车与台车。梁上设置有 1t 的滑槽式捯链，用于装卸物料，连接桥顶部布设皮带机和风筒，下部空间用于铺设轮轨式门架台车和机车行走所需的轨枕（图 2.5-2）。

图 2.5-2　连接桥

（3）轮轨式门架台车

轮轨式门架台车顶部布设皮带机、储风筒和风筒，左侧布设水管、高压电缆等管线，右侧作为人行通道，中部空间为矿车接渣区。4 节轮轨式门架台车总长度约 30m，中部空间长度能满足 2 个掘进循环的矿车接渣需求（图 2.5-3）。

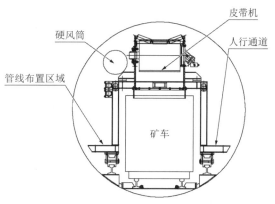

图 2.5-3　轮轨式门架台车及其示意图

2.6　集成可伸缩结构皮带机设计

传统皮带机采用分段式设计，分为主机和后配套 2 条皮带，需要在盾尾布设落料斗和接料斗，由于马百支线隧洞断面小，微型 TBM 空间狭窄，若采用分段式转渣，将阻隔人员物料运输通道。因此，皮带机采用整体式设计，将主机和后配套皮带合并为一条皮带，减小所需布设空间。具体通过设计混合型张紧装置和盾体内皮带机伸缩结构以及压带轮机构实现紧凑结构设计。

1）布置结构形式

皮带机采用单滚筒凹凸弧式布置（图 2.6-1），将整条皮带从刀盘接渣口延伸到矿车接渣点的。驱动滚筒位于矿车接渣点，在盾尾处设置压带轮，逐步提升皮带高度，皮带抬升倾角 11°。

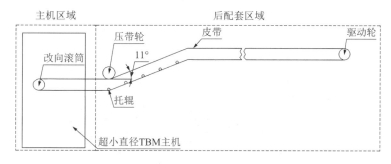

图 2.6-1　微型 TBM 皮带机结构布置示意图

2）压带轮机构

在第 1 节滑车最前端设置压带轮机构，压带轮机构与皮带架连接成一个整体。压带轮机构由两个对称的三角立柱，一个小型横梁，一对可调式压带轮和两个压带轮支座组成。两个三角立柱通过螺栓连接安装在皮带架上，横梁将两个三脚架顶部连成一个整体，形成一个门型架增强了压带轮机构的整体稳定性。压带轮支座通过螺栓连接固定在两个三角立柱内侧，压带轮安装在支座上方（图2.6-2）。

皮带张紧时，压带轮紧贴皮带，防止皮带向顶部移动。掘进过程中渣土从压带轮中间通过，压带轮中的两个铁轮的位置是可调节的，通过增减两个铁轮内侧的铁环数量来控制铁轮的横向移动。该设计能解决皮带跑偏时，压带轮无法正常紧贴压紧皮带的问题。

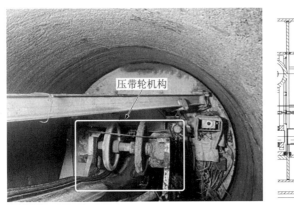
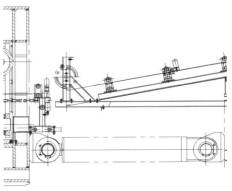

图2.6-2　压带轮机构及其结构示意图

3）张紧装置

根据皮带机的结构设计，采用传统的重锤式或头部油缸张紧方式无法满足矿车通行及顶部空间布设油缸需求，尤其不能满足皮带系统随掘进和换步伸缩需求。针对上述情况，特设计新型张紧装置——混合型张紧装置（图2.6-3），这种装置可将因头部皮带架回退而产生的"多余"皮带储存在张紧装置中，避免了多余的皮带下坠干涉主机内操作人员施工，影响物料运输。

图2.6-3　张紧装置

混合型张紧装置即可完成皮带张紧也能实现皮带随掘进自动伸出的功能。主要由轮轨式门架台车骨架、张紧滑车、钢丝绳、定滑轮1、定滑轮2、动滑轮、张紧油缸构成（图2.6-4）。

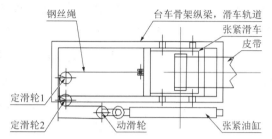

图 2.6-4　张紧装置及其结构示意图

施工操作过程主要分为皮带张紧过程和皮带随掘进自动伸出过程。皮带张紧过程是通过操作张紧油缸收回使钢丝绳拉紧牵动张紧滑车向前移动，使皮带张紧；操作张紧油缸伸出使钢丝绳放松，张紧滑车处于自由状态，从而使皮带"放松"。皮带随掘进自动伸出过程是张紧油缸在掘进过程中采用恒压控制，皮带机的前端的皮带架与前盾通过螺栓连接在一起，随着推进油缸的伸出，皮带架随之向前移动，张紧油缸在液压元件的控制下恒压随之伸出，从而使皮带延长，随掘进同步动作。

4）盾体内皮带架回退机构

皮带架回退机构（图2.6-5）主要包括皮带机滑轨、头部皮带架、限位卡板以及辅助回退工具等。换刀作业需回退皮带架时，应操作TBM，使得主推油缸的行程保持在900mm以上，为退出头部皮带架预留空间；然后拆除限位卡板；最后借助辅助回退工具将头部皮带架沿皮带机滑轨回退2.5m，空出运刀口。待换刀作业完成后，借助辅助回退工具将头部皮带架恢复至指定位置，安装限位卡板固定皮带架。

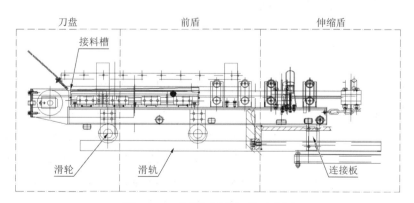

图 2.6-5　皮带架回退机构示意图

2.7　无冷水箱变频供水与冷却系统设计

TBM含有内循环冷却系统和外水系统，内循环采用封闭式循环冷却系统，以冷却液作为媒介对刀盘驱动电机、变速箱、液压系统、润滑系统等进行冷却，外水系统主要功能包括热交换降温、刀盘刀具冷却、冲洗和除尘。内循环冷却系统的冷却液通过冷却器和外水系统并联进行热交换，热水回冷水箱，当掘进机连续掘进时，冷水箱水温难以降低到冷却所需温度时，热水需排放至洞底，补充外水系统的冷水来降低温度。因此，热交换的热水无法用于刀盘刀具冷却、冲洗和除尘，造成水资源浪费。

针对上述问题，微型 TBM 首次创新设计无冷水箱变频供水与冷却系统，该系统主要由变频水泵、进水水管、回水水管、闸阀、油管、冷却器、温控阀、刀盘喷水、临时用水点、减压阀、温度传感器、水管卷盘等构成（图 2.7-1）。其特点是将洞外变频供水系统和 TBM 外水系统合并，由洞外变频供水系统向洞内供水，冷水经冷却器交换后，进行刀盘刀具冷却、冲洗和除尘。当冷却器水温较高时，自动打开温控阀，高温水通过回水水管回到洞外蓄水池，在蓄水池自然降温后再通过进水水管重新向冷却器循环补充。该系统通过减少洞内冷却水箱和相应水泵，增大人员作业物料运输空间，马百支线隧洞施工共计节约水资源 27513m³，节约供水电能约 13465kWh。

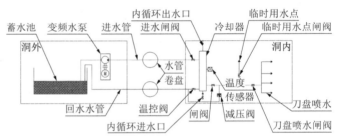

图 2.7-1 变频供水与冷却系统示意图

2.8 微型 TBM 制造及验收

2.8.1 微型 TBM 制造

根据上述针对性设计，微型 TBM 通过缩小刀间距和优化设计新型刀座及刀具安装方式，增加刀具数量，提高破岩能力，在马百支线隧洞围岩主要为坚硬岩以及Ⅱ类与Ⅲ类围岩占隧洞总长 96.1%的地质特征下实现高效破岩。通过精简支护功能和优化系统设备结构布置提高空间利用率，在直径 2.53m 的小断面条件下满足物料运输及人员作业空间。委托中国铁建重工集团股份有限公司从 2021 年 3 月开始设计制造，到 2021 年 9 月制造完成。

TBM 制造是一个复杂的过程，它涉及大型结构件的加工、关键（精密）部件配置、设备组装、调试以及技术创新。用于马百支线隧洞施工的微型 TBM 除了具备掘进开挖功能以外，还需完成刀盘刀具、撑靴结构、台车、皮带机和供水冷却系统的创新制造，以及机电液、环境安全等方面的配置，以确保 TBM 顺利施工。微型 TBM 主要制造性能及要求见表 2.8-1。

微型 TBM 主要制造性能及要求　　　　表 2.8-1

制造项目	制造性能、要求简述
主机	采用新型护盾式敞开式 TBM，主机主要包括刀盘、前盾、主驱动、伸缩盾、撑紧盾
主驱动	具备正反转、刀盘点动、制动以及脱困功能
	主轴承内外密封采用 3 道唇形结构，EP2 油脂润滑
刀盘刀具	采用整体式刀盘，材质选用 Q355ND 钢板
	取消刀座，制造 C 形块安装结构，刀间距缩小至 75mm
	具备安装特制刀具功能，特制 14 寸刀具具备 15 寸刀具性能
	制造刀盘进渣口可封闭结构，以减小断层破碎带时的进渣量防止卡机
撑靴系统	按设计制造以铰接座中心为圆心旋转的撑靴结构（图 2.8-1）
台车系统	制造平台式滑车+轮轨式门架台车，完成设备布置和运输通道布置
皮带机系统	按设计制造集成可伸缩结构皮带机，具备前部伸缩和混合式张紧以及调速、降尘功能
供水冷却系统	按设计制造无冷水箱变频供水与冷却系统，实现洞外供水和外水系统"一泵两用"功能
液压系统	制造油液污染度检测及温度报警功能
配电系统	制造漏电保护、绝缘电阻报警功能
数据影像系统	制造数据采集和视频监控功能
环境安全系统	制造气体检测及声光报警功能

图 2.8-1　撑紧盾及撑靴

2.8.2　微型 TBM 验收

制造完成后的微型 TBM 如图 2.8-2 所示，整机长度约 80m，其中主机长度约 6m。整机重量为 120t，转弯半径为 350m，适应的最大坡度为±6°。刀盘采用整体式设计，刀盘开挖直径为 2.53m，布置 4 把 14 寸双刃滚刀，11 把 14 寸单刃滚刀，最小刀间距设计为 75mm。

主驱动采用变频电机的形式，额定扭矩为 480N·m，最大扭矩为 720kN·m，主推进系统的油缸数量为 5 个（φ220/φ160），最大总推力为 5698kN@300bar。撑靴油缸数量为 1 个（φ250/φ180），最大撑紧力为 11770kN@300bar。后配套拖车采用平台式拖车结构形式，共包含 4 节拖车。微型 TBM 主要技术参数如表 2.8-2，操作界面如图 2.8-3 所示。

图 2.8-2　微型 TBM 出厂图

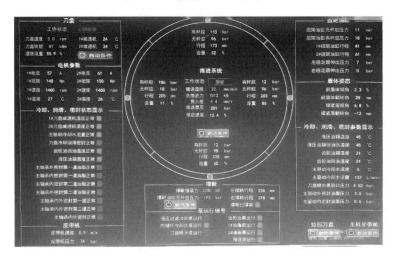

图 2.8-3　微型 TBM 运行的系统图

微型 TBM 主要技术参数表　　　　表 2.8-2

主部件名称	细目部件名称	参数	备注
整机	型号	ZTT2530	
	主机长度	约 6m	
	整机长度	约 80m	
	整机重量	120t	

续表

主部件名称	细目部件名称	参数	备注
整机	转弯半径/m	350	
	适应最大坡度	±6°	
刀盘	刀盘形式/材质	整体式/Q355D	
	开挖直径/mm	2530	
	正滚刀数量	3	14寸
	中心滚刀数量	4	
	边滚刀数量	8	
	最小刀间距/mm	75	正面滚刀
	喷水嘴水量	3个	
	换刀方式	背装式	
	铲斗数量	1	
	人孔数量/（个/mm）	—	
主驱动	主轴承直径/mm	2300	备用：2000
	主轴承设计寿命/h	≥15000	
	驱动形式	变频电机	
	转速/rpm	0—5.23—9.4	
	额定扭矩/kN·m	480	
	最大扭矩/kN·m	720	
	功率/kW	2×132	
	主轴承密封形式	3道唇形密封	
盾体	前盾直径/mm	φ2480	壳体外圆
	撑紧盾直径/mm	φ2470	壳体外圆
稳定器	稳定器数量	2（前盾两侧）	备用
主推进系统	最大总推力	5698kN@300bar	
	油缸数量	5个（φ220/φ160）	
	油缸行程/mm	1100	
	最大推进速度/（mm/min）	40	
	位移传感器数量	4	
	推进油缸分区数量	4	

续表

主部件名称	细目部件名称	参数	备注
撑靴油缸	撑靴油缸数量	1个（φ250/φ180）	
	油缸行程	350mm	
	最大撑紧力	11770kN@300bar	
皮带机输送机	皮带机运行速度	0～2.5m/s（液压马达驱动）	
	皮带宽度/mm	400	
润滑系统	润滑脂系统形式	电动泵注脂	
	齿轮油润滑系统	电机驱动	
导向系统	规格型号	激光靶式 DDJ-ZTT	
	精度/″	2	
	全站仪	Leica TS16-A	
	全站仪品牌	瑞典	
	有效工作距离/m	>200	非转弯处
除尘系统	风管直径/mm	φ200	异型风管
	过滤装置精度/μm	0.5	
	能力/（m³/min）	100	
	除尘风机功率/kW	2×5.5	
微型TBM电气系统	初次电压	10kV/50Hz	
	二次电压	230V/400V	
	变压器数量	1台	
	变压器/kVA	400	暂定
	电气系统防护等级	IP55	
后配套拖车	拖车的结构形式	平台式	
	拖车数量	4节拖车	
有毒有害气体监测系统	监测气体种类	CH_4、CO_2、CO、O_2、H_2S	
	探测器数量	CH_4两个、CO_2、CO、O_2、H_2S 各一个	
消防系统	灭火器	每节台车均配置2个	
功率	刀盘驱动/kW	2×132=264	
	泵站/kW	62.5	
	皮带机/kW	5.5	

续表

主部件名称	细目部件名称	参数	备注
功率	除尘系统/kW	2×5.5=11	
	照明系统/kW	1	
	其他/kW	30	
	合计/kW	约378	

2.9 本章小结

（1）本章阐述了微型TBM的关键技术设计，针对微型TBM刀盘刀具布置困难、狭窄空间内撑靴、台车、皮带机和冷却系统布置受限等难题，通过优化微型刀盘刀具布局，采用新型刀座和刀具安装方法及特制刀具，提高微型TBM破岩效率；创新特殊撑靴结构、紧凑型台车结构和无冷水箱变频供水与冷却系统，增大了人员作业空间和物料运输空间；设计集成可伸缩结构皮带机，实现了通过单条皮带向矿车出渣。

（2）基于上述创新优化设计，成功完成了微型TBM设备制造，各项功能和技术参数达到设计要求，为顺利开展掘进施工提供了TBM设备。

第 3 章

微型 TBM 针对性施工设计

扫码查看本章彩图

3.1 施工场地规划

基于微型 TBM 施工的需求,根据马百支线隧洞进水口和出水口附近的场地条件和环境条件,出口场地比进口场地宽敞,且周围生活的居民较少。因此,施工场地拟选址在马百支线隧洞出口,采用从出口向进口逆坡掘进的方式施工,有利于施工过程中顺坡排水。

3.1.1 布置条件及影响因素

(1)马家河水库至百二河水库库区间均为海拔 350～780m 的山地,两处水库坝下均为十堰市中心城区,马百支线隧洞工程为马家河水库向百二河水库调节用水。开工时为汛期,马家河水库水位较高,洞口被水淹没,不便于施作施工场地。遵循因地制宜、有利生产、方便生活、环境友好、节约资源、经济合理的原则,将 TBM 施工场区选建在百二河水库区域。

(2)施工场地上游为朱家嘴水库,洞口对面约 80m 处为库区生态岛,下游为场区雨水排放通道。为最大限度地少占库容,减小对水库水流和城市排水的影响,修建导流渠对上游库区水和城市排水进行导流,在导流渠内部修建围堰,在围堰内施作施工场地。

(3)施工场地处于库区,按照 20 年重现期洪水标准设防,以保证人员和设备安全。

(4)施工场地连接城市道路,距离施工场地约 2km 位置为十堰市大型五金市场,具有材料供应及机械加工能力,可减少现场临建设施及施工占地。

3.1.2 TBM 施工场地布置

根据上述分析,设计微型 TBM 施工场地占地面积共计约 12000m^2,其中围堰占地面积约 7000m^2,可用面积约 5000m^2。可用面积内,临时弃渣场面积约 3000m^2,其余场地面积布设监控室、调度室、小型配件库房、供风风机、材料堆场、3 个料仓以及转渣区等,料仓用于临时存放刀具、油品等材料;材料堆场内,钢轨的场地基本满足一个月进一次料,拱架和网片场地满足 7 天的用量;转渣区紧邻临时弃渣场,场地大小满足 3 趟出渣需求,场地上有装载机能及时将渣从转渣区倒运至临时弃渣场;施工场地与马家河 5 号隧洞施工场地距离仅约 40min 车程,马家河 5 号隧洞施工厂区布设有刀具车间和综合加工厂可与本项目共用,故本场地无需布设刀具车间和综合加工厂。因此,TBM 施工场地布置满足施工需求。具体施工场地布置如图 3.1-1 所示。

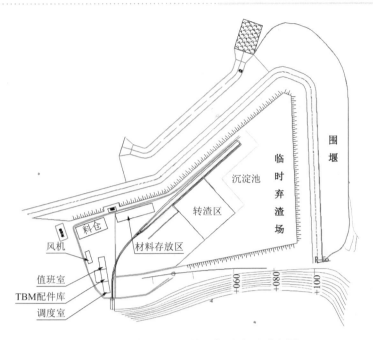

图 3.1-1　微型 TBM 施工场地布置示意图

3.2　针对性施工设计

根据上述施工场地布置考虑，结合微型 TBM 施工需求，进一步在施工场地内进行风、水、电、通信、物料运输、出渣等系统的针对性设计，具体分述如下。

3.2.1　施工动力供风设计

施工动力供风系统主要为洞身支护和微型 TBM 刀具检查与更换提供用风，用风设备主要有 YT28 风枪、喷混设备、风动扳手等。供风设备通过电瓶机车直接运输至施工作业面附近。

根据马百支线隧洞工程施工规划和工作面布置，施工用风按如下公式计算：

$$Q = NqK_1K_2K_3 \tag{3.2-1}$$

式中：Q——同时工作的钻孔等机具总耗风量（m³/min）；

　　　N——同时工作的同类型钻孔等机具的数量；

　　　q——每台机具的耗风量（m³/min）；

　　　K_1——同时工作的折减系数（1～10 台风枪取值为 1～0.85，11～30 台风枪取值为 0.85～0.75，其他用风设备 1～2 台取值为 1～0.75）；

　　　K_2——机具损耗系数，钻具取 1.15，其他取 1.10；

　　　K_3——管路风量损耗漏风系数（管路长度 1km 内取值为 1.1，1～2km 取值为 1.15，2km 以上取值为 1.2）。

根据施工规划和工作面布置，马百支线隧洞采用 YT28 钻机为 3 台，单台耗风量 3m³/min。该工程风枪同时使用量不超过 10 台，因此，折减系数 K_1 取值为 0.85；施工供风设备通过机车直接运输至工作面附近，管路长度小于 1km，因此，管路风量损耗漏风系数 K_3 取值为 1.1。故工程施工最大用风量计算如下：

$$Q = 3 \times 3 \times 0.85 \times 1.15 \times 1.1 = 9.68 \text{m}^3/\text{min}。$$

采用型号为 4L-20/8 的空气压缩机（表 3.2-1），供应开挖、混凝土喷护、钻孔灌浆等施工用风。空气压缩机可提供 20m³/min 的风量，大于马百支线隧洞工程施工最大用风量 9.68m³/min，因此，选用的空气压缩机满足施工用风需求。

供风系统设备配置表　　　　　表 3.2-1

所属位置	型号	数量/台
马百支线出口	4L-20/8	2

3.2.2 施工通风设计

微型 TBM 主要施工人员集中在 TBM 主机及其后配套区域，通风系统的通风量就是由通风系统送达工作区时的风量。通风量应能稀释和排出隧道内产生的有害气体和粉尘，使其浓度满足规范最低要求。根据《水工建筑物地下开挖工程施工技术规范》DL/T 5099—2011 的相关规定洞内通风要求与标准，施工过程中，洞内氧气按体积计算不应少于 20%，有害物质的最高容许含量不能超标（表 3.2-2）。

空气中有害物质的最高容许含量　　　　　表 3.2-2

名称	最高容许浓度		附注	
	按体积/%	按质量/（mg/m³）		
二氧化碳（CO_2）	0.5		一氧化碳的最高容许含量与作业时间	
甲烷（CH_4）	1		作业时间	最高容许含量/（mg/m³）
一氧化碳（CO）	0.0024	30	1h 以内	50
氮氧化物换算二氧化（NO_2）	0.00025	5	0.5h 以内	100
二氧化硫（SO_2）	0.0005	15	15～20min	200
硫化氢（H_2S）	0.00066	10	反复作业的间隔时间应在 2h 以上	
醛类（丙烯醛）		0.3		
含有 10% 以上游离 SiO_2 的粉尘		2	含有 80% 以上游离 SiO_2 的生产粉尘不宜超过 1mg/m³	
含有 10% 以上游离 SiO_2 水泥粉尘		6		
含有 10% 以上游离 SiO_2 其他粉尘		10		

（1）需风量计算

在微型 TBM 掘进过程中，有害物散发量大多是不易精确确定的，这时可按保证隧道内最低风速来计算通风量。根据《水工建筑物地下开挖工程施工规范》SL 378—2007，隧洞内工作面附近最小风速不应小于 0.15m/s，最大风速应不大于 4m/s，综合考虑马百支线隧洞断面小以及机车风筒等设备对回风速度的影响，选取隧洞内通风风速 v 为 0.7m/s。据此，计算通风量：

$$Q = 60vA = 205.8\text{m}^3/\text{min}$$

式中：Q——送风量（m^3/min）；

　　　v——隧洞通风风速（m/s）；

　　　A——开挖断面面积（m^2），隧洞直径为 2.53m，断面面积约为 4.9m^2。

（2）通风机设计风量计算

$$Q_\text{f} = \frac{Q}{(1-P)^{l/100}} = 253.45\text{m}^3/\text{min}$$

式中：Q_f——通风设计风量（m^3/min）；

　　　P——百米漏风率（%），P 取值为 0.5%；

　　　l——风管总长度（m），l 取值为 4155m。

（3）风压计算

通风系统阻力计算是选择风压的重要依据。通风管内空气流动产生两种阻力，一种是由于空气本身的黏滞性及其与管壁间摩擦产生的沿程能量损失，称为沿程阻力或摩擦阻力；另一种是空气流经风管中的管件及设备时，由于流速的大小和方向变化以及产生涡流造成比较集中的能量损失，称为局部阻力。风机风压用来克服上述两种阻力以保证所需的设计风量送达工作区。两种阻力计算分别如下：

① 沿程阻力计算

根据流体力学原理，空气在横断面不变的圆风管内流动时的沿程阻力计算：

$$\Delta P_\text{m} = \frac{\lambda}{D} \times \frac{\rho v^2}{2} \times l = 6440.51\text{Pa}$$

式中：ΔP_m——风管沿程阻力或摩擦（Pa）；

　　　λ——摩擦阻力系数，λ 取值为 0.015；

　　　D——风管直径（m），根据隧洞断面布置情况，取 $D = 0.7$m；

　　　l——风管长度（m），取 $l = 4155$m；

　　　ρ——风管内空气密度（kg/m^3），根据本工程的海拔 ρ 取值为 1.2kg/m^3；

　　　v——风管内空气流速（m/s），v 取值约为 10.98m/s。

② 局部阻力计算

通风系统局部阻力通常按下式计算：

$$\Delta P_j = 0.1\Delta P_m = 0.1 \times 6440.51 = 644.051 \text{Pa}$$

③通风机设计风压确定

通风系统总阻力为沿程阻力和局部阻力之和，如下计算：

$$\Delta P = \Delta P_m + \Delta P_j = 7084.561 \text{Pa}$$

式中：ΔP——通风系统总阻力（Pa）。

考虑到通风系统的阻力计算与实际情况存在差异，确定通风机设计风压时应按下式考虑风压附加：

$$P_f = K_p \Delta P = 1.1 \times 7084.561 = 7793.017 \text{Pa}$$

式中：P_f——通风机风压（Pa）；

K_p——风压附加系数，K_p取值为1.1（一般取值为1.1～1.15）。

④通风设备选型

根据计算的通风机设计风量（253.45m³/min）和风压（7793.017Pa），结合马百支线隧洞微型 TBM 施工段采用独头压入式通风方式，选用 4×18.5kW 节能型轴流式隧洞风机（表3.2-3），通风机风量为275m³/min，风压为8100Pa，满足施工通风需求。风机的叶轮直径为630mm，风管采用ϕ700mm、每节100m长的低泄漏、无缝、拉链式软风管（表3.2-4）。主风机安装在隧洞出口场地（距洞口约30m），通过风管将新鲜风压入至 TBM 后配套尾部，与风管储存筒相连，再通过二次风机继续将风输送至主机区域，利用滑车上的除尘风机，经 TBM 上除尘风管，将掌子面的浊风经除尘器过滤后向后排放至台车尾部并确保后配套尾部回风速度不低于0.5m/s。

TBM 施工通风除尘系统主要设备表　　　表 3.2-3

序号	名称	规格型号	单位	数量	备注
1	主通风机	4×18.5kW	台	1	
2	二次风机	2×4kW	台	1	
3	除尘风机	2×11kW	台	1	
4	矿用湿式除尘器	KCS-200D	台	1	

风筒技术参数表　　　表 3.2-4

直径/mm	600
单节长度/m	100
材质	PVC
品牌/产地	ECE/法国
风管摩阻系数	0.015

续表

百米漏风率	0.5%
最高耐压值/Pa	8100
储风筒储存能力/m	200

3.2.3 施工供水设计

根据马百支线隧洞工程施工场地环境条件（场地附近有河流，常年有水），结合微型TBM施工供水需求对水质要求低，水量不低于8m³/h。因此，在隧洞出口左侧围堰平台处安置一个容积为10m³的塑料水塔，生产用水在隧洞口附近的河流取水，经过滤达标后，采用7.5kW的水泵将水抽取至水塔中，在隧洞出口左侧安装一台变频恒压水泵，隧道中部布置增压水泵，通过供水管路将水供送至设备。

供水计算

根据微型TBM设计要求供水流量$Q \geq 8m^3/h$，水温$T \leq 25℃$，最低供水流量要求为$8m^3/h$，设计安全系数为1.25，因此，耗水量Q按$10m^3/h$计算。洞内供水最大距离4155m，管路高差h'为2.08m。

①管径计算

设计管道供水流速为1.0~1.5m/s，计算供水水管管径：

$$Q = \frac{(\pi r^2 v)}{10^6}$$

式中：Q——供水量（m³/s），取$Q = 2.7 \times 10^{-3} m^3/s$；

r——水管半径（mm）；

v——管道供水流速（m/s），取1.5m/s。

计算得供水水管半径为：

$$r = \sqrt{\frac{10^6 \times 2.7 \times 10^{-3}}{3.14 \times 1.5}} = 23.94mm$$

计算所需供水水管半径为23.94mm，因此选用ϕ50的PE管可满足使用要求。

②管道阻力计算

管道总水头损失宜按下式计算：

$$h_z = h_y + h_j$$

式中：h_z——管道总水头损失（m）；

h_y——管道沿程水头损失（m）；

h_j——管道局部水头损失（m）。

根据《室外给水设计标准》GB 50013—2018，塑料管以及采用塑料作为内衬的管道水头损失按照下式计算：

$$h_y = \lambda \times \frac{l}{d_j} \times \frac{V^2}{2g}$$

式中：h_y——管道沿程水头损失（m）；

l——管段长度（m）；

V——过水断面平均流速（m/s），V取值为1.0m/s；

d_j——管道内径（m），d_j取值为0.05m；

g——重力加速度（m²/s）；

λ——沿程阻力系数。

对于大多数塑料管而言，沿程阻力系数可以采用谢维列夫公式计算：

$$\lambda = \frac{0.25}{Re^{0.226}}$$

式中：Re——雷诺数。

雷诺数按照如下公式计算：

$$Re = \frac{Vd_j}{\upsilon}$$

式中：υ——液体的运动黏度（m²/s），25℃淡水情况下，υ取值为8.97×10^{-7}。

将相关参数代入计算得：

$$Re = \frac{1 \times 0.05}{8.97 \times 10^{-7}} = 0.56 \times 10^5$$

$$\lambda = \frac{0.25}{(0.56 \times 10^5)^{0.226}} = 0.021$$

$$h_y = 0.021 \times \frac{4155}{0.05} \times \frac{1}{2 \times 9.8} = 89.04 \text{m}$$

管线水平向和竖向顺直时，局部水头损失一般占沿程水头损失的5%～10%，

$$h_j = 10\% h_y$$

计算可得局部水头损失为：

$$h_j = 10\% \times 89.04 = 8.904 \text{m}$$

计算得管道总水头损失为：

$$h_z = 89.04 + 8.904 = 97.944 \text{m}$$

水泵所需的计算扬程（ABS）为：

$$ABS = h' + h_z = 2.08 + 97.944 = 100.024 \text{m}$$

③水泵选型

根据上述计算，供水管路选用ϕ50的PE管，水泵流量≥10m³/h，水泵扬程≥100.024m。马百支线隧洞选用2台型号为50-250-11kW的立式管道泵（表3.2-5），分别放置在隧

洞洞口和隧洞中间位置，通过接替供水，总扬程可达160m。选用的立式管道泵各项指标参数均能满足施工供水需求。

立式管道泵技术参数表   表 3.2-5

水泵型号	功率/kW	流量/（m³/h）	扬程/m	口径/mm	电压/V
50-250-11kW	11	12.5	80	50	380

3.2.4 施工排水设计

微型TBM施工从出口向进口逆坡掘进，顺坡排水。依据马百支线隧洞工程的工程地质情况（表1.3-1），地下水总体较贫乏。因此，隧洞施工排水以顺坡自流为主，局部安装水泵辅助抽排，排至洞外后，经排水沟引排至沉淀池进行处理。

为降低微型TBM区域积水或突发涌水对施工造成影响，分别在拖拉油缸和连接桥处布设应急排水泵。将积水或涌水快速抽排至后配套后10～20m的位置，自流排至洞外。

3.2.5 施工供电设计

在隧洞出口外80m距离处高地修建10kV变电所，容量为630kVA，引出两路10kV线路，一路作为专线送至TBM（变压器容量为400kVA）；另一路10kV送至洞口场地变压器（容量为250kVA），供一次风机、洞壁照明、空压机、供水泵、充电桩等设备使用（表3.2-6）。

各设备用电功率统计表   表 3.2-6

序号	设备名称	功率/kW	数量/（台/个）	总功率/kW
1	供风风机	18.5	4	74
2	供水泵	11	2	22
3	空压机	30	1	30
4	库房及值班室用电	5	2	10
5	电焊机	3	1	3
6	洞内外照明	15	1	15
7	充电桩	10	1	10
8	其他临时用电	20	1	20
合计				184

3.2.6 洞内施工通信设计

从距离隧洞出口15m左右的监控室向TBM引入光纤（8芯），主要用于有线电话或无线通信联系、TBM操控平台系统、视频监控系统信息传输。在TBM操作平台和卸渣点处配置有线对讲系统，确保掘进操作和卸渣操作协调进行。隧洞内每隔 1km 位置安装一部有线电话，并配备有一定量的无线对讲机，保障施工调度安全可靠。

3.2.7 运输及出渣设计

TBM 施工出渣速度的快慢将直接影响掘进施工效率，出渣方案及设备选型是否合理对于提高设备利用率、施工效率、经济效益具有十分重要的意义。

（1）出渣方案比选

TBM 法施工出渣运输的方法一般分为三种：分别是连续皮带机出渣、有轨运输出渣以及自卸汽车（无轨）运输出渣。其中连续皮带机具有连续输送、运距远、运量大、污染小、设备利用率高等特点，但是前期投入成本高，一般适用于长距离隧洞掘进；有轨运输具有技术成熟、设备运行可靠、结构相对简单等特点，前期设备投入成本低，一般适用于短距离隧洞掘进，但是当隧道坡度超过 ±5% 时，有轨运输出渣方式难以应用。自卸汽车（无轨）出渣可适用于运距短、坡度大的隧洞，灵活度高。

经过市场调研，受开挖断面尺寸限制，无适用于马百支线隧洞断面的微型自卸汽车（自卸三轮车，功率低，装渣量小，无法满足出渣需求），而连续皮带出渣和矿车出渣均能满足本工程出渣需求。因此，从工期、成本、场地布置等方面，对连续皮带出渣和矿车出渣方案进行比选（表 3.2-7）。

出渣方案综合对比表　　　　表 3.2-7

出渣方式	对比项			
	施工工期/月	成本/万元	配套系统	场地布置
连续皮带机出渣	18	864	复杂	所需空间大
矿车出渣	21	500.8	简单	所需空间小

施工工期方面，采用连续皮带机出渣的计算工期为 18 个月，采用矿车出渣的计算工期为 21 个月，虽然前者比后者节约 3 个月工期，但是马百支线隧洞设计工期为 30 个月，因此采用连续皮带出渣和矿车出渣均能满足施工需求。马百支线隧洞长 4155m，长距离 TBM 掘进一般宜采用连续皮带出渣，但采用连续皮带出渣施工成本方面比采用矿车出渣高约 363.2 万元（含节省工期的人工成本）占本工程总概算 8.1%。且隧洞开挖断面直径仅 2.53m，微型 TBM 狭小空间内布设连续皮带出渣系统困难，增大设备布置难度；同时由于隧洞洞内空间狭窄，无法在洞内布设连续皮带机张紧机构、储带仓、硫化平台、皮带驱动装置，因此需要在洞外额外增设上述皮带配套系统。该系统长度至少 60m，同时考虑临时落渣区域范围，落渣点距离洞口的纵向距离至少 80m，而现有场地仅有 65m，不满足布设需求。

综上所述，马百支线隧洞微型 TBM 选用矿车出渣。

（2）出渣设备配置

采用矿车出渣，矿车需要进入微型 TBM 台车内部接渣，受隧洞断面（直径 2.53m）限制，台车内部净空宽为 1.2m，高为 1.57m，考虑矿车和台车的安全间距为 10cm，因此矿车与机车的外形轮廓尺寸不得超过 1m×1.47m（图 3.2-1）。

根据施工需要，每列矿车编组需满足两个循环接渣需求。结合微型 TBM 后配套台车断面尺寸，选用型号 QCT04 矿车（表 3.2-8），自重 3.7t。

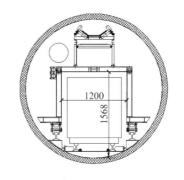

图 3.2-1　隧洞后配套台车断面图

矿车技术参数表　　　　　　　　　　表 3.2-8

序号	参数名称	规格	备注
1	容积/m³	3.2	矿车内部尺寸：5100mm×800mm×790mm
2	轴距/mm	2800	
3	自重/t	3.7	
4	构造速度/(km/h)	20	
5	外形尺寸（长×宽×高）/mm	5800×900×840	
6	轨距/mm	600	
7	轮径/mm	300	
8	最小曲线半径/m	30	

（3）每列编组矿车数量计算

微型 TBM 每循环出渣量：每环推进距离按 0.7m 计算，切削半径 1.25m，渣土松散系数取值为 1.5。总计出土量：$3.14 \times 1.25^2 \times 0.7 \times 1.5 = 5.15\text{m}^3$。

装载系数按 0.9 计算，每台矿车实际载量为：$5.1 \times 0.8 \times 0.79 \times 0.9 = 2.9\text{m}^3$。

每循环出渣所需矿车数量为：$5.15 \div 2.9 = 1.78$ 节。

为提高出渣效率，单个矿车编组运输两个掘进循环石渣，因此单个矿车编组需要的矿车数量为：$2 \times 1.78 = 3.56$ 节，计为 4 节矿车。

（4）最小牵引力计算

依据马百支线隧洞工程地质情况，主要为白云钠长片岩、绢（白）云石英片岩。白云岩和石英岩最大密度为 2.9g/cm³，单个矿车编组满载总重：

$(2.9 \times 10^3 \times 2.9 + 3.7 \times 10^3) \times 4 \div 1000 = 48.44\text{t}$。

马百支线隧洞设计坡度 $i \approx 0.5‰$，角度 $\alpha = \arctan(i) \approx 0.0286°$。矿车在洞内分为空载上坡和重载下坡，分别计算矿车在这两种情况下所需的最小牵引力。

①空载上坡

$$F = \mu mg\cos\alpha + mg\sin\alpha$$

式中：F——最小牵引力，kN；

μ——矿车车轮与钢轨的滚动摩擦系数，取值 0.012；

m——4 节矿车的总自重，$m = 4 \times 3.7 = 14.8\text{t}$；

g——重力加速度，取值为 9.8N/kg。

经计算 $F \approx 1.81\text{kN}$；

②重载下坡

$$F = \mu Mg\cos\alpha - Mg\sin\alpha$$

式中：F——最小牵引力，kN；

μ——矿车车轮与钢轨的滚动摩擦系数，取值 0.012；

M——4 节矿车满载总重，$M = 48.44\text{t}$；

g——重力加速度，取值为 9.8N/kg。

经计算 $F \approx 5.46\text{kN}$，矿车所需最小牵引力 $Q = 5.46\text{kN}$；

综上所述，矿车空载上坡所需的最小牵引力为 1.81kN，重载下坡所需的最小牵引力为 5.46kN。因此，所需矿车最小牵引力为 5.46kN。

（5）机车粘重计算

马百支线隧洞设计坡度为 0.5‰，最大需要牵引的负载 Q 为 48.44t，结合隧洞断面布置（图 3.3-3）。考虑安全余量按照 0.5‰上坡，计算机车牵引最大负载：（窄轨牵引计算公式）

$$Q = P\{g\mu - [(w+i)g + 1.075a]\}/[(w+i)g + 1.075a]$$

式中：Q——机车牵引最大负载，kg；

P——机车粘重（机车重量），t；

w——机车起动阻力系数，取值 0.012；

i——线路设计坡度，$i = 0.005$；

a——列车起动加速度，取值 0.02；

μ——沾着系数，取值 0.26；

g——重力加速度，取值为 9.8N/kg。

经计算 $P = 3.82\text{t}$，所需机车最小粘重为 3.82t。

（6）机车选型

由于马百支线隧洞掘进距离长，隧洞断面小，为减小运输机车尾气排放对洞内空气污染，降低通风需求，避免增大通风风管直径带来的隧洞断面布置困难，宜选用电力机车。根据上述计算，选用额定牵引力 > 5.46kN，粘重 > 3.82t 的机车可满足出渣施工需求，经对各机车厂家的机车设备进行比选，选用两台型号为 CAY5/6-96 锂电池电机车（表 3.2-9），该机车外形尺寸与性能均满足施工需求。

CAY5/6-96 锂电池电机车技术参数　　　　表 3.2-9

序号	参数名称	规格	备注
1	轨距/mm	600	
2	最小曲线半径/m	6	
3	尺寸（长×宽×高）/mm	3000×920×920	可定制
4	机车自重/t	5	
5	额定牵引力/kN	10.1	可增加电瓶数量
6	最大牵引力/kN	12.75	
7	小时速度/(km/h)	8	
8	额定电压/V	96	

（7）机车编组

为了提高出渣效率，降低 TBM 等待出渣时间，配置两个机车编组，每个编组配置 4 节矿车。两个编组交替进行，已接渣机组在出洞口卸渣并同时充电，另一机组进洞接渣。TBM 等待出渣时间压缩为接渣车到洞口卸渣和空车进入接渣区域的时间，卸渣和充电不额外占用时间，以最大程度提高出渣效率。

为减小单轨运输压力，空车编组进洞顺便承担物料（如钢轨、刀具等，见图 3.2-2、图 3.2-3）运输的任务，在有物料运输需求的情况下增设平板车。洞外组装平台设置材料存放区和机车编组区。TBM 施工所需物料存放在材料存放区，利用装载机转运吊装。

图 3.2-2　钢轨运输

图 3.2-3　刀具运输

3.2.8　轨枕结构设计

受马百支线隧洞小断面限制，若采用常规的一体式钢枕进行轨道延伸施工时，会导致轨距拉杆安装困难、耗时长，需要焊工辅助施工；TBM 台车后端的钢枕两侧无通行需求，钢枕无法拆除循环使用造成材料浪费，钢枕运输和铺设时太过笨重且所需空间较大、钢枕支腿与隧道拱底接触面小易造成轨枕下沉以及机车轨道和 TBM 轨道高度不在同一平面时无法使用等问题。因此，本工程轨道延伸施工可考虑采用具有快速拆装结构的分体式钢枕（图 3.2-4）。

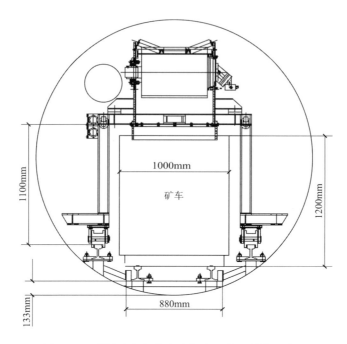

图 3.2-4　隧洞矿车在台车内部布置断面结构示意图

3.3　微型 TBM 施工隧洞狭窄断面布置

马百支线隧洞开挖直径为 2.53m，微型 TBM 空间极为狭窄，在不影响掘进施工的前提下，需要对狭窄断面内通风系统、运输系统、电力系统、供排水系统等进行综合优化布置。

3.3.1　断面布置影响因素

（1）轨线运输系统

根据 3.2.8 轨枕结构设计，轨枕宽 880mm，高 130mm，需在隧洞底部中间位置预留轨枕所需空间。

（2）通风系统

根据 3.2.2 节计算的所需风量和风压，所选择的风管直径为 700mm；考虑一定的空间富余度，需预留距离洞壁至少 800mm 的圆形空间布置风管（图 3.3-1）。

（3）TBM 动力用电系统及洞壁照明等辅助系统布置

施工用电和照明系统和常规 TBM 类似。洞壁照明系统采用 380/220V 三相五线制，照明电力系统支架(图 3.3-2)高度 850mm(包含洞壁线安装支架 700mm 和照明灯支架 150mm，详见图 3.3-3），支架与洞壁距离 150mm，占据空间较大，需要在隧洞拱腰处预留相应空间。

尾随 TBM 后配套工作平台架设，采用防水与绝缘性能良好的优质绝缘导线整齐排列，照明灯具平均布置于三相电源线，确保三相负载平衡。根据施工长度及供电负载，在合适洞段安装自动升压有载调压变压器，避免压降过大影响洞壁照明正常工作。

图 3.3-1 隧洞布置风管

图 3.3-2 照明电力系统支架

（4）供排水系统

根据 3.2.3 施工供水计算，所选用供水水管直径为 50mm，并在洞内距洞口 2km 处增设接力水泵（宽约 250mm，高约 400mm）。该水泵应布置在靠近隧洞侧壁，以不影响轨道布设和车辆通行为宜。

TBM 在遇复杂地质洞段施工时，若洞壁及掌子面渗水量较大，石渣随渗水及涌水排出，淤积在 TBM 设备区域及已开挖区域轨枕下方，不断抬高排水平面，甚至淹没轨道，需要经常清淤。根据需要在局部积水区域轨道下方增设排水泵和排水管路，不单独占用轨道上方的隧洞空间。

3.3.2 断面布置方案设计

马百支线隧洞断面只有 2.53m，因此断面布设要求紧凑合理，满足微型 TBM 掘进的各项功能需求。隧洞断面布置方案的设计原则：依据所占空间从大到小的顺序布置。具体为先布设矿车轨道，再布置风管，最后合理布置水电管线。

根据上述原则，基于微型 TBM 结构特点，为便于高压电缆和供水管路延伸，隧洞掘进方向左侧布置高压电缆、进水管路、通信光纤，隧洞顶部布设通风风筒，右侧布设洞壁照明，底部布设机车轨道，如图 3.3-3 所示。下面重点对通风软管布置、轨枕布置、施工用电及洞壁照明系统布置、供排水系统布置四项设计内容进行详细的介绍。

（1）轨枕布置

受本工程断面限制，无法安装道岔，因此物料运输采用单线运输，结合微型 TBM 后配套台车设计，物料运输通道位于台车正中间，因此将轨枕布置（图 3.3-3）在隧洞中部底部，轨枕装置宽 880mm，高约 130mm，轨枕纵向布置间距为 1m。

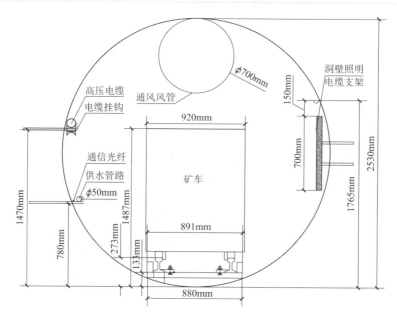

图 3.3-3　隧洞断面布置示意图（高压电缆储存区断面布置有变化，详见图 4.4-4）

（2）通风管布置

根据 3.2.2 小节通风系统的具体设计，所采用通风管直径为 ϕ700mm、节长为 100m。考虑两种风管布置方案，一是将其布置于隧洞侧壁拱腰处，二是将其布置于隧洞拱顶，并对其布设净空需求进行具体说明：若风管布置在隧洞侧壁拱腰处，考虑到隧洞开挖直径 2.53m，矿车外形宽度 920mm，矿车外侧壁距洞壁最大距离为 805mm，初支最大厚度 140mm，剩余空间宽度仅 665mm，不满足 ϕ700mm 风管位于隧洞侧壁拱腰处的布置需求；若将风管布置在隧洞拱顶，考虑到矿车及轨道占据断面高度 1487mm，以及初支最大厚度 140mm，剩余净空高度为 903mm，可以满足 ϕ700mm 风管的布置需求，同时便于与 3 号台车顶部风管储存仓（图 3.3-4）连接。因此，将风管布置于隧洞拱顶位置（图 3.3-5）。

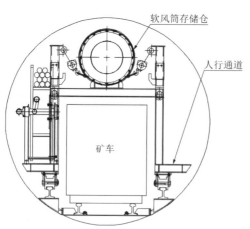

图 3.3-4　微型 TBM 风管储存仓布置示意图

图 3.3-5　微型 TBM 通风风管

(3)施工及照明电力系统布置

洞内电力系统包括施工及照明电力系统两部分。根据洞壁线布设需求，将照明电力管线布设在洞壁右侧拱腰位置，照明灯布置高度距离拱底不低于 1765mm。避免高压电缆与洞壁照明线路干涉，保证施工安全，将高压电缆布置在左侧洞壁靠近拱肩位置，布置高度距离拱底为 1470mm。

(4)供排水系统布置

根据 3.2.3 节施工供水系统设计，所选用的供水水管直径为 50mm。为便于与 4 号台车左侧平台上的水管卷盘连接，将供水水管布置于隧洞左侧(图 3.3-6)，距离拱底高度 780mm。

图 3.3-6　隧洞供水水管图

3.4　本章小结

微型 TBM 针对性施工设计分为施工场地规划、针对性施工设计和断面布置。根据施工需求，对洞外供风风机、库房以及临时出渣点等进行规划布置。通过对施工动力供风、施工通风、施工供排水、施工供电、施工通信、运输及渣车和轨枕结构进行计算，确定施工方案，选择适用于马百支线隧洞施工的设施。并根据微型 TBM 隧洞断面尺寸进行上述设施断面布置，满足微型 TBM 正常掘进施工需求。

第 4 章

微型 TBM 掘进施工

扫码查看本章彩图

4.1 微型 TBM 组装及调试

与常规尺寸 TBM 相比，微型 TBM 整机尺寸小很多，但其重量和尺寸仍不能满足整机运输要求，需将整体拆成部分，运输至施工场地。在洞口组装场地对 TBM 进行重新组装和调试。具体组装步进调试流程如图 4.1-1 所示。

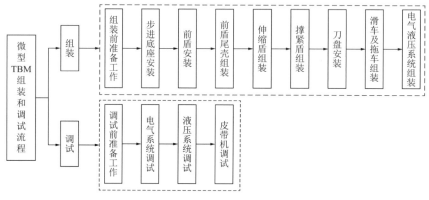

图 4.1-1 微型 TBM 组装步进调试流程图

4.1.1 微型 TBM 组装

马百支线隧洞微型 TBM 洞口组装主要包括步进底座安装、前盾安装、前盾尾壳安装、伸缩盾安装、撑紧盾安装、刀盘安装、滑车及拖车安装、电气及液压系统组装。组装按照"从前至后、从下至上"的顺序进行，微型 TBM 组装基本步骤如下。

第一步：组装前准备工作

编制微型 TBM 组装专项方案和技术交底。根据微型 TBM 最大部件（主驱动）的重量和尺寸，采用 C25 混凝土对组装场地（长×宽：44m×10m）进行硬化处理，混凝土浇筑厚度为 20cm。根据组装方案预先布设风、水、电、步进轨道等辅助设施，准备组织组装材料、工器具和组装人员进场。

第二步：步进底座安装

将步进底座安装在步进轨道上，确保两个导向轮位于两条轨道外侧（图 4.1-2）。

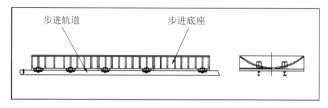

图 4.1-2 步进底座安装示意图

第三步：前盾尾壳组装

微型 TBM 前盾尾壳分为上下两个部分，下半部分尾壳在安装前盾之前安装，上半部分尾壳在主机整机组装完成后安装（图 4.1-3）。

第四步：前盾安装

微型 TBM 的前盾主要由主驱动和稳定装置等部件组成，在工厂内已完成各系统部件的安装。前盾采用水平放置运输至工地现场，待前盾尾壳下半部分安装完成后，翻转 90°直立定位拼装在步进底座上（图 4.1-4）。

图 4.1-3 前盾尾壳下半部分现场安装

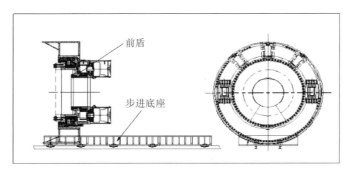

图 4.1-4 前盾安装示意图

第五步：伸缩盾组装

伸缩盾位于前盾和撑紧盾之间，通过内外盾体之间的相互移动过渡微型 TBM 掘进行程。伸缩盾内含有推进油缸、伸缩油缸等部件。伸缩盾采用水平放置运输，现场装配时需翻转 90°，直立安装（图 4.1-5）。

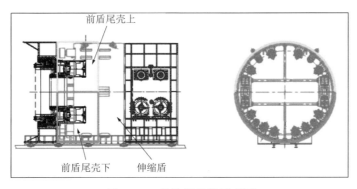

图 4.1-5 伸缩盾组装示意图

第六步：撑紧盾组装

撑紧盾主要由撑靴、撑靴油缸和盾体组成。撑紧盾采用水平放置运输，现场装配时需翻转 90°，直立安装，与前盾和伸缩盾连接（图 4.1-6）。

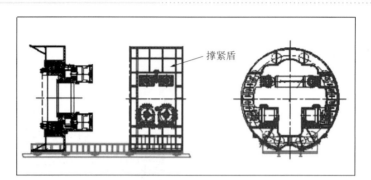

图 4.1-6　撑紧盾组装示意图

第七步：刀盘安装

微型 TBM 刀盘直径为 2.5m，能够整体装运，刀盘采用水平放置运输，现场装配时翻转 90°直立安装，与前盾连接（图 4.1-7）。

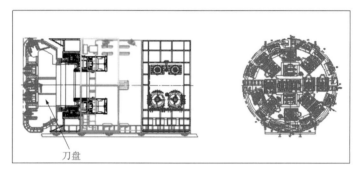

图 4.1-7　刀盘安装示意图

第八步：滑车及拖车组装

微型 TBM 设计 4 节滑车和 4 节拖车。组装按照先滑车后拖车的顺序，依次整体吊装至步进轨道上，并使用销轴相互连接（图 4.1-8）。

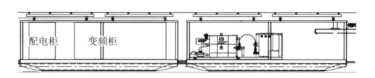

图 4.1-8　滑车及拖车组装示意图

第九步：电气、液压系统组装

电气、液压系统在工厂内已完成系统安装，出厂拆卸时，各部件管路保留每节拖车、连接桥、滑车结构内管线布置，只断开每节拖车、滑车之间管路，对微型 TBM 的驱动电缆和泵站至驱动单元的油管做标记，单独运输。电气、液压系统的组装，可在台车组装过程中同时进行。在拖车安装完后即可按照电气、液压图纸进行管线布设连接。

通过上述施工操作，完成微型 TBM 组装（图 4.1-9）。

图 4.1-9 微型 TBM 组装完成

4.1.2 微型 TBM 调试

微型 TBM 组装完成步进至始发洞段后,由电气工程师、液压工程师、机械工程师配合进行调试。调试内容包括调试前准备工作、电气系统调试、液压系统调试、皮带机调试。在调试完成后使设备的各项参数和性能指标达到设计要求。微型 TBM 设备调试流程具体步骤如下:

第一步:调试前准备工作

调试前需对组装完成的微型 TBM 进行系统的检查。检查底护盾、刀盘与步进机构底板的干涉程度,确保刀盘旋转时各部件不发生任何干涉。确认撑靴与始发洞洞壁的距离是否满足撑靴油缸行程要求。检查盾体内油管、线缆无交错搭接现象,保证换步行程余量。确认电气系统的电缆连接正常,尤其是确认高压系统各开关的状态,确保高压电缆延伸无阻碍。确认液压系统各闸阀的状态是否正确,并检查各阀组、管路连接处有无明显漏油现象。检查冷却水位、液压油位、齿轮油位等是否满足微型 TBM 运行要求。检查主控室操作按钮、系统通信与显示、导向和当前显示姿态等系统是否正常。参与调试及巡检人员必须了解各急停按钮的位置,并配置手持式对讲机。

第二步:电气系统调试

检查通电情况下用电线路的电压是否正常。分别启动各用电设备及用电设备组,检查用电设备在空载情况下的电压、电流是否正常,并调试各用电设备及用电设备组,检查用电设备的各种参数在加载情况下能否达到设计要求。调试各用电设备断路装置的有效性。检查控制系统、传感器(压力、温度、计数、速度)输出信号的显示以及转化量程、主程序运行、各个系统的闭锁和配电柜主电源是否能有效运行,确保电气系统的正常运行。

第三步:液压系统调试

液压系统为掘进施工提供推力、支撑力与辅助系统的动力,对密封要求、易磨损和设备性能随外围条件的改变而改变。液压系统经过厂家车间组装调试、拆卸、运至现场、组装完成后，整个液压设备及管路等能否达到设计要求，将直接影响掘进施工。因此液压系统调试对于整个 TBM 设备系统来说至关重要。液压系统主要调试的流程主要有泵站的调试，观测泵站输出压力能否达到设定值；控制系统的启停及其控制部件；调试液压设备，检查油压管道工作组能否经受压力的变化、安装位置是否正确，在加有负载压力下组装的油管（软管）是否有摩擦的现象；高速运转系统的启动；长时间运行泵站，增大压力管路压力，观察油管是否有漏油现象；检查动作油缸有杆腔和无杆腔动作是否正确；逐一调试比例调节阀，检测各个阀调速的线性程度是否正常；测试液压系统设置报警保护值，在达到报警值后是否会有报警保护动作。

第四步：皮带机调试

首先检查皮带机支架安装是否牢固，是否有遗漏的焊口，并逐个检查限位辊、张紧辊、导向辊的转动是否灵活，主动辊、从动辊内是否注油。随后，采用点动的方式启动皮带机，检查皮带机是否能够启动，若无法启动，先检查控制线路是否正常，然后再检查液压管路压力是否正常。在正常运转时，若皮带跑偏，调整尾部的可调螺母，若调整无效，则检查导向辊的安装是否正确，必要时将导向辊一端支架割开、移位、焊接。如皮带过紧或过松，应调整混合型张紧系统，使皮带松紧适宜。最后，皮带调试完正常启动后，若无异常现象，可连续运转 2h 然后停机，准备参与整个系统的联合试运。

4.2 微型 TBM 始发与试掘进

TBM 始发是指 TBM 利用反力架或始发洞作为受力载体，将 TBM 沿着设计线路开始掘进的一系列作业过程。不同类型的 TBM 始发方式也不相同，敞开式 TBM 一般采用始发洞始发，护盾式 TBM 一般采用反力架或反力环始发。马百支线隧洞敞开式微型 TBM 采用始发洞始发方案。

4.2.1 始发洞始发技术

始发洞始发技术常采用钻爆法或机械法（采用机械开挖）施作始发洞，并对始发洞围岩进行支护和加固，使洞壁围岩能够满足撑靴支撑要求，提供 TBM 推进时所需的支撑反力。

（1）始发洞施工

马百支线隧洞始发洞采用钻爆法施工，根据微型 TBM 尺寸设计始发洞长度为 30m，断面为圆拱直墙型，洞身开挖断面尺寸为 3.02m×3.235m（宽×高）。始发洞围岩类别为Ⅲ类，根据《水利水电工程地质勘察规范》GB 50487—2008（2022 年版），考虑小断面隧洞岩体尺寸效应，支护采用锚网＋钢拱架＋喷射混凝土支护（表 4.2-1），支护后隧洞净空尺寸为 2.7m×3.075m（宽×高）。始发洞尺寸和洞壁围岩能满足微型 TBM 始发要求。

始发洞支护参数设计表　　　　　　　　　　　　表 4.2-1

支护位置	锁脚锚杆	系统锚杆	钢筋网片	钢拱架	喷混凝土
始发洞	$\phi22/L=$ 1.5m@100cm	$\phi22/L=1.5$m 梅花形布置，间距 $1m\times1m$（环×纵）	HPB300ϕ6.5 @20cm×20cm	14 排距 1000mm	C25，厚度 160mm

（2）微型 TBM 始发

微型 TBM 空推步进至始发洞完成设备调试后，将微型 TBM 步进至掌子面，完成始发施工。

4.2.2 试掘进

微型 TBM 试掘进是隧洞正常掘进前的重要环节，需根据始发段的施工确定适合本地层掘进的建议参数（表 4.2-2），熟悉并掌握微型 TBM 机械设备的操作性能。在试掘进阶段，可以对 TBM 的整机性能进行全面的检验，并通过试掘进检验配套设备的配合能力，及时对 TBM 进行修正和加强，从而保证 TBM 有效掘进。

微型 TBM 掘进参数推荐值　　　　　　　　　　表 4.2-2

均值	推进速度/(mm/min)	总推进力/kN	刀盘转速/rpm	刀盘扭矩/kN·m
Ⅱ	15～25	2500～2700	6.0～7.0	240～320
Ⅲ	30～40	2500～2700	5.0～6.4	200～300
Ⅳ	≥10	1200～1600	3.0～4.0	80～130

马百支线隧洞微型 TBM 试掘进长度为 500m，桩号为 K4+125～K3+625，围岩类别包含Ⅱ类、Ⅲ类、Ⅳ类（表 4.2-3）。

试掘进段围岩类别　　　　　　　　　　　　　表 4.2-3

围岩范围桩号			长度/m	围岩类别
K4+125.00	～	K4+031.00	94.00	Ⅲ类
K4+031.00	～	K3+776.70	254.3	Ⅱ类
K3+776.70	～	K3+774.10	2.6	Ⅳ类
K3+774.10	～	K3+769.10	5.0	Ⅲ类
K3+769.10	～	K3+607.20	161.9	Ⅱ类

4.3 微型 TBM 掘进施工

掘进施工控制是保障隧洞成型质量的关键，首先需要按照设计洞线掘进，实时动态调整掘进方向，满足设计要求；其次，掘进过程中需规范操作，遇参数突变等掘进异常情况，需停机检查分析，待问题解决后再恢复掘进。

4.3.1 TBM 掘进工艺流程

微型 TBM 掘进出渣采用矿车出渣（详见 3.2.7 节），因此出渣和掘进不同于常规 TBM 皮带连续出渣，不能完全同步进行，施工流程与常规 TBM 略有差异（图 4.3-1）。

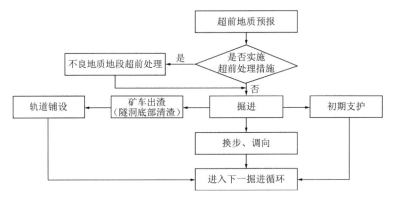

图 4.3-1 微型 TBM 施工流程图

在掘进施工过程中，需根据工程地质资料、岩渣情况、上一循环掘进参数，对掌子面围岩状态进行判断，据此确定下一循环相应的掘进参数，包括刀盘转速、推进力、推进速度、皮带机转速等，并结合实际掘进参数的变化判断围岩的变化，进行动态调整。如有必要，可采用超前地质探测手段，进一步确定前方围岩状态。

1）微型 TBM 掘进操作要点

（1）微型 TBM 启动，按照操作顺序依次启动各个系统（图 4.3-2）。其中刀盘启动与推进启动需要撑靴撑紧保持高压状态（撑靴撑紧力 ≥3000kN），因此在完成推进启动前需要保持常按撑靴伸出按钮，当在撑靴高压状态中没有完成推进启动时，需要重新启动撑靴撑紧。

（2）微型 TBM 掘进需要注意 4 点：①控制推进时，根据导向姿态调整 TBM 推进系统 ABCD 四个分区推进油缸的流量时，每个分区单次流量变化不宜超过 4%，时间间隔宜不低于 10s，缓慢调向。②增加推进速度流量时，每次增加量≯10%，时间间隔 3～5s，且必须密切注意掘进速度变化，保证掘进速度≯50mm/min，确保皮带运行正常和前盾滚动角可控。③推进过程中，方向调整确保水平、垂直趋向变化≯5mm/m，防止伸缩盾内外盾卡住。④在Ⅱ类围岩段掘进时，由于微型 TBM 皮带机系统与推进系统共用一个液压泵站，因此在满足出渣条件下，最大程度地降低主机皮带机运行速度，能够有效地提升推进推力，达到提高掘进速度的效果。

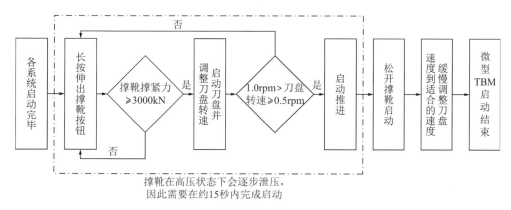

图 4.3-2　微型 TBM 启动流程图

2）注意事项

（1）改变刀盘转速时，无需停止推进，但是必须缓慢旋动控制旋钮，使刀盘速度逐步变化，禁止一次性直接将旋钮旋转到位。

（2）掘进过程中，推力上限不得超过 2800kN，刀盘扭矩不得大于 500kN·m，刀盘转速不宜超过 7rpm。

（3）前盾滚动角数值宜控制在 0～50mm，纠滚过程中，宜采用多次点动控制按钮的方式。

（4）调向采取"小幅度，频繁调"的原则，根据导向显示的姿态，30s/次调整各个分区油缸的流量从而改变上下左右分区油缸的行程差，禁止长时间不调向，导致一次性调向过猛的现象。

（5）由于微型 TBM 采用矿车出渣，需主司机与看渣人员做好配合，当矿车剩余最后一节时，看渣人员通过喊话器立刻通知主司机停止推进，空转刀盘，保证刀盘和皮带上的渣土全部卸入矿车中，且矿车满载。

（6）掘进过程中使 TBM 保持略微向上的掘进姿态，以纠正 TBM 因自重而产生的低头现象。

（7）每次设备启动后，掘进前，宜采用低掘进速度，小推力，使刀盘缓慢接触掌子面，低速度掘进 10cm，使刀盘与掌子面开挖轮廓充分契合，然后再提高掘进速度。

（8）掘进停止后，必须将推进速度流量调至 0%。

（9）掘进过程中，主司机需要集中精力做好"人机配合"。人机配合主要体现在看、听、闻和感受四个方面。看主要是指看导向界面、皮带出渣监控以及操作界面。根据导向数据，调整掘进方向；根据渣样情况判断围岩状况，调整合适的掘进速度。操作界面主要看推力与扭矩的比值是否相匹配，当推力与扭矩比值出现异常突变时，极有可能发生刀具损坏，需要停机查刀。听主要是指听掘进过程中主机区域的声音的响度、音色、音调的变化，当声音发生变化时，需要及时检查设备，比如主电机故障前和故障持续期间，声音有明显区别。当岩层发生变化时，刀盘破岩声音也有变化。闻主要是指闻空气味道的变化，微型 TBM 的刀具内部加入了臭味剂，当发生刀具损坏时，会发散出异味。感受主要是指感受掘进过程中操控室的振动状态，当振动发生变化时或有明显的异常震动时，需要对 TBM 主机区域进行检查，判断是岩层变化还是设备故障导致的。

（10）注意前盾滚动角的变化速度，当变化速度过快时，减小掘进速度，防止因滚动角超限造成 TBM 停机。

（11）换步时，注意调整撑紧盾滚动角，使其与前盾滚动角之差的绝对值≯50，防止换步时，抗扭系统与伸缩盾内其他设备发生干涉，造成设备故障停机。

4.3.2 掘进后配套同步牵引

常规的敞开式 TBM 换步采用分段换步操作，具体步骤为：先使用主推油缸收缩，拖拽撑紧盾向前移动一个掘进循环的行程，然后再利用撑紧盾尾部的拖拉油缸收缩，拖拽后配套系统向前移动一个掘进循环的行程，从而完成换步操作（图 4.3-3）。

图 4.3-3 微型 TBM 常规换步操作流程图

在马百支线隧洞掘进施工过程中，根据微型 TBM"短、小、轻"的特点，对换步操作方式进行优化。掘进完成后，采用主推油缸收回的方式，直接拖拽支撑盾和后配套，省去常规换步操作过程中采用拖拉油缸拖拉后配套的工序。

优化后的换步操作方式相比较优化前的换步操作，每次换步操作可节省工时约 2min，按照工程隧道长度 4155m，微型 TBM 掘进循环行程为 0.7m 进行计算，共需要换步 5897 次，理论上可节省总时长约为 8.2d。

4.3.3 微型 TBM 掘进参数

微型 TBM 可参考试掘进过程中提出的 TBM 掘进参数推荐值（表 4.2-2）进行掘进，并且根据围岩条件的变化优化调整掘进参数，以确保其安全高效掘进。对于节理不发育的Ⅱ类围岩，通常采用常规掘进方式，起初以较低推力（2000kN 以下）推进约

10cm 后再增加推力，刀盘转速保持在 4.5～6.5rpm，避免刀具损坏。对于节理发育的Ⅱ类围岩，掘进速度宜适当加快，同时密切监测出渣情况和刀盘扭矩变化，防止刀盘刀具异常磨损。在节理发育且硬度变化较大的Ⅳ类围岩中，因围岩不均匀，需频繁调整推力、扭矩和掘进速度。遇到振动加剧或不规则渣块时，应降低刀盘转速和推进速度，以减少振动。对于节理、裂隙发育或断层带（Ⅳ、Ⅴ类围岩），应采用中低速掘进，初始掘进速度不宜大于 10mm/min，围岩稳定后可逐步提高，刀盘扭矩变化范围应控制在 10%以内。当皮带机上出现大量大块渣料时，需降低掘进速度或停止推进，以预防塌方或刀盘卡机等事故。

在微型 TBM 掘进完成后，统计了不同等级围岩条件下 TBM 掘进参数的平均值，如表 4.3-1 所示。与试掘进提出的推荐掘进参数（表 4.2-2）相比，Ⅱ类围岩平均掘进速度处于推荐速度范围内，但平均总推进力、平均刀盘转速和平均刀盘扭矩均低于相应的推荐值范围；Ⅲ类围岩仅平均刀盘转速处于推荐转速范围内，其余掘进参数的平均值均低于相应的推荐值范围；Ⅳ类围岩仅平均总推进力处于推荐总推进力范围内，其余掘进参数的平均值均略高于相应的推荐值范围。其中Ⅲ类围岩的掘进参数相差较大，这可能是整个掘进过程中微型 TBM 所掘进的地质条件及 TBM 主司机对 TBM 的熟练程度与试掘进过程相比有所变化。

不同等级围岩条件下微型 TBM 掘进参数平均值　　　　表 4.3-1

围岩等级	掘进速度/（mm/min）	总推进力/kN	刀盘转速/rpm	刀盘扭矩/kN·m
Ⅱ	17.47	1602.68	5.21	140.65
Ⅲ	16.99	1509.13	5.20	132.20
Ⅳ	10.16	1411.68	5.01	133.69

4.3.4 掘进姿态控制

马百支线隧洞为直线隧洞，坡度为 1/2000。根据设计要求，隧洞开挖轴线与设计轴线水平偏差在 ±100mm 以内，垂直偏差在 ±60mm 以内。针对施工需求，铁建重工为微型 TBM 配备了导向系统，该系统每 30s 测一次导向，能够及时、准确地以图像和数据的形式在上位机上展示出当前 TBM 的位置与设计轴线的相对关系。

微型 TBM 掘进姿态包含两个方面，分别是：TBM 的前盾（刀盘）、撑紧盾相对于轴线位置的水平偏差和垂直偏差以及水平趋向和垂直趋向；TBM 本身的姿态——TBM 前盾、撑紧盾的滚动角。TBM 掘进姿态控制分为调向控制和纠滚控制。

(1)调向控制

调向采取"小幅度,频繁调"的原则。通过调整 TBM 推进系统 A、B、C、D 四个分区(图 4.3-4)的推进油缸的流量大小,从而控制推进油缸的伸出速度和长度,实现控制 TBM 掘进方向。具体的规则为:当 A 分区推进油缸的长度 > C 分区推进油缸的长度时,TBM 向上掘进,反之向下掘进;当 B 分区推进油缸的长度 > D 分区推进油缸的长度时,TBM 向左掘进,反之向右掘进,操作流程见图 4.3-5。

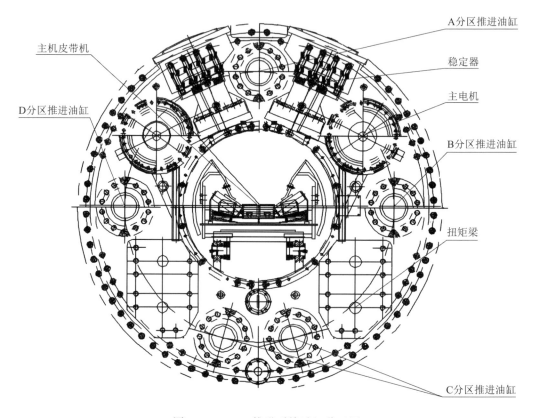

图 4.3-4 TBM 推进系统油缸分区图

(2)纠滚控制

在掘进过程中,微型 TBM 前盾受到刀盘(顺时针旋转)反作用力的作用,会逆时针旋转,当前盾滚动的角度超过 115mm/m 时,则触发警报,刀盘停止旋转。前盾和撑紧盾的滚动角控制范围不宜超过 ±50mm/m,且两者之差的绝对值不宜超过 50mm/m。纠滚控制分为前盾纠滚和撑紧盾纠滚。

前盾纠滚和撑紧盾纠滚都是通过控制抗扭系统的两根扭矩油缸的行程来实现纠滚,其中前盾纠滚在推进油缸伸出过程中(掘进或空推),撑紧盾纠滚在推进油缸回收过程中(换步)。前盾纠滚的规则为:2 号扭矩油缸行程大于 1 号扭矩油缸行程时,前盾顺时针旋转,反之则逆时针旋转,撑紧盾纠滚的规则与前盾纠滚规则相反。

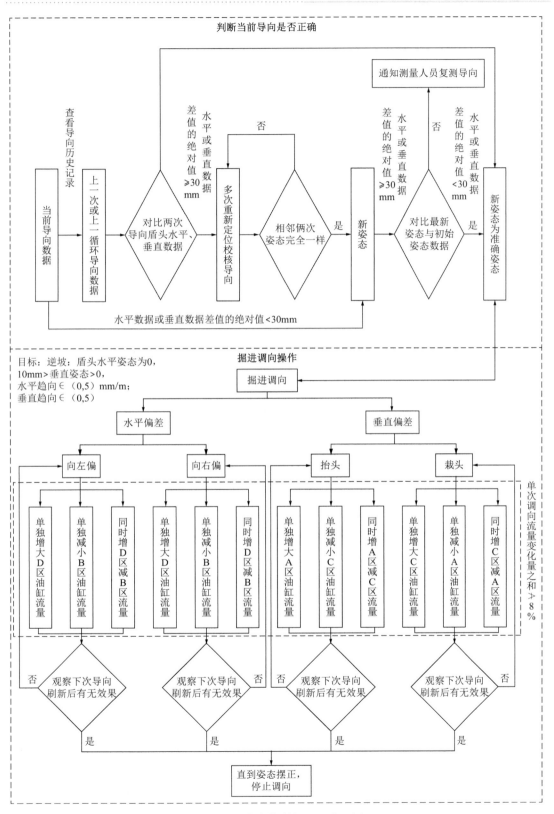

图 4.3-5 姿态控制与调整流程图

4.4 辅助工序施工

4.4.1 通风、供水、电力和通信系统管路和线路延伸

1）通风风管延伸

根据 3.2.2 节通风计算分析和设备选型，通风采用ϕ700mm 的拉链式软风管，每节长 100m。软风管储存在软风管储存仓中，软风管储存仓安装在后配套 3 号台车上部，随 TBM 掘进风管自动从风管储存仓拖出，当软风管存储仓内风管释放完后，通过更换风管储存仓，续接软风管，施工操作流程见图 4.4-1。

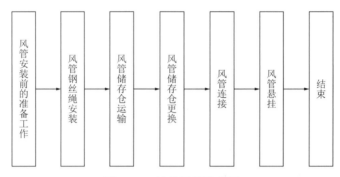

图 4.4-1 续接风管流程图

首先，进行风管安装前的准备工作。根据"一用一备"的原则，微型 TBM 施工使用两个风管储存仓，洞外保障班组提前将软风管安装在软风管存储仓内。受季节和风管材质影响，在冬季时，气温较低，软风管较硬，软风管存储仓仅能存储 100m 软风管，在其他季节软风管存储仓可储存 200m 风管，因此冬期施工每 100m 续接一次软风管，其他季节每 200m 续接一次。软风管安装前，仔细检查软风管的公母头，确保公母头方向正确，否则会导致进洞的软风管无法正确连接。安装软风管前，必须检查软风管的完好性，如有破损，使用专用的软风管修补胶水修补破损位置。

其次，风管安装依次按风管钢丝绳安装、风管连接和风管悬挂的顺序进行。

风管钢丝绳安装：在出渣过程中，提前将ϕ4mm 的不锈钢钢丝绳通过膨胀螺栓固定在隧洞顶部，每间隔 1.5m 安装一个膨胀螺栓，固定软风管钢丝绳时，必须将软风管钢丝绳拉直。

风管连接：通过操作室的有线电话或者无线网络通信联系洞外调度人员将轴流风机全部关停，然后将软风管储存仓内的软风管端头拉出与后面悬挂在拱顶的软风管通过双层拉链连接。

风管悬挂：使用铁丝穿过软风管上部预留的悬挂孔，将软风管与钢丝绳固定（图 4.4-2），每个预留孔必须使用，防止绑扎过少导致风管下坠，每个绑扎处必须绑扎 2 圈

铁丝，同时将绑扎头朝上，防止铁丝端头扎伤软风管。

当储存仓风管全部拖出以后，使用装载机将装满风管的储存仓吊运至平板车上，风管储存仓放置在平板运输车后中部（掘进方向），空出前部空间装载 TBM 设备上的空的软风管储存仓。吊运软风管储存仓时，注意软风管储存仓的方向，喇叭口朝向洞外。

软风管储存仓更换完后，即可通知洞外技术人员启动供风风机，风机启动时，必须依次启动风机内的电机。为防止启动时软风管内气流冲击过大，导致沿线软风管掉落，两次启动时间间隔 3~5min。

2）供水管路延伸

根据 3.2.3 节供水计算分析和设备选型，所选用的 PE 供水管直径为 50mm，每节水管长度为 5m。供水管路一端连接洞外变频水泵，另一端连接 TBM 上的水管卷盘，卷筒可收纳 60m 的软管，因此，供水管路最长可 60m 延伸一次。供水管路延伸须在矿车出渣或机器检修等非掘进过程中完成。

供水管路延伸依次按照管路延伸施工前准备、断开软管与 PE 管、热熔 PE 管和连接软管与 PE 管四个步骤依次进行（图 4.4-3）。

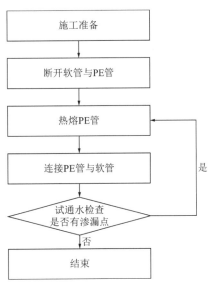

图 4.4-2　软风管悬挂　　　图 4.4-3　供水管路延伸施工流程图

供水管路延伸准备：洞外水电班组提前将所需的 PE 管通过机车运输至指定位置，然后热熔对接好，在掘进施工过程中，可提前将供水水管挂钩安装到位。

断开软管与 PE 管：在 TBM 停止掘进后，将距离后配套最近的供水水管闸阀关掉，拆除 TBM 上的软管与 PE 管接头处的连接螺栓，手动操作 TBM 后配套台车上的水管卷盘，收回软管。

热熔 PE 管：利用直径 60mm 的接头将需要接入的供水管与已有供水管热熔对接（图 4.4-4），并冲洗管路内杂质。

图 4.4-4　供水管热熔

恢复软管与 PE 管连接：重新将软管与 PE 管连接，打开供水闸阀，检查连接处是否有渗漏水现象，若有则需要重新热熔处理。

为防止微型 TBM 区域积水或突发涌水影响正常施工，按照"一用一备"的原则，微型 TBM 上布置两条固定排水管路，在 TBM 拖拉油缸处安置两台 2.2kW 三相污水泵，将污水抽排至连接桥，在连接桥区域安装两台 4kW 大口径三相水泵（图 4.4-5），将积水抽排至后配套后 10～20m 位置。

图 4.4-5　连接桥抽排水

隧洞排水主要采用顺坡自流排水，局部安装污水泵辅助抽排的方式。在 TBM 始发段和掘进段交界处设置拦水墙集水,将污水引排至始发段右侧预留排水沟,最后通过洞外平台布设的排水沟引排至3级沉淀池。

3)电缆延伸

TBM 掘进用电和照明用电系统和常规 TBM 类似,电缆延伸包括高压电缆延伸和洞壁照明电缆延伸。

(1)高压电缆延伸

TBM 用电采用 10kV 高压电缆供电,高压电缆通过电缆挂钩悬挂在隧洞左侧靠近拱肩位置(图 3.3-3),便于电缆延伸时施工。高压电缆延伸前需对其进行临时存储。

①高压电缆临时存储

微型 TBM 未设置高压电缆存放装置,根据马百支线隧洞断面空间设置移动式临时电缆储存架(图 4.4-6),其施工流程如下:

高压电缆支架制作:高压电缆支架采用 M16 的螺纹钢制作,焊接或弯曲成 L 形,较长的一段长度为 50cm,另一段长度为 20cm。

高压电缆支架安装:当洞内存储的高压电缆剩余 20m 时,在距离 TBM 尾部约 10m 处开始往洞外方向安装支架,支架按两排布置,分别位于左侧洞壁约 8 点钟和 10 点钟的位置。支架植入岩壁深度约 25cm,外露长度约 25cm。沿隧洞方向相邻支架纵向间距 1.5m。

高压电缆临时储存:支架安装完毕后,将高压电缆运至洞内,临时储存在支架上。

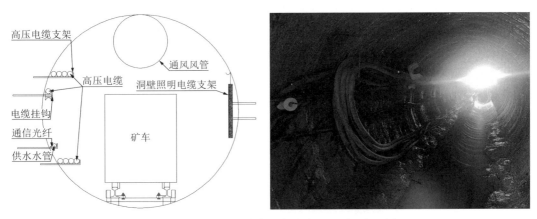

图 4.4-6 高压电缆储存区断面布置图及现场照片

②高压电缆延伸

随 TBM 掘进,在后配套尾部每间隔 3m 安装一个电缆挂钩,用于临时性储存 TBM 掘进所用高压电缆,相邻电缆挂钩之间可额外储存约 1.3m 的高压电缆(图 4.4-7)。利用出渣等非掘进时间,将高压电缆由储存架向 TBM 掘进方向延伸。

(2)洞壁照明电缆延伸

马百支线隧洞照明供电采用三相五线制,供电电缆采用防水与绝缘性能良好的优质电缆，整齐排列，通过洞壁线支架固定在隧洞右侧洞壁拱腰位置，支架纵向间距15m。每个电缆支架上安装一盏照明灯，照明灯交替连接于三相电源线，确保三相负载平衡。

4）光纤延伸

TBM设备上引入光纤网络，光纤存放在4号台车左侧卷盘上，由工人手动拖出固定于电缆挂钩上，确保每次掘进换步时光纤电缆具有余量。

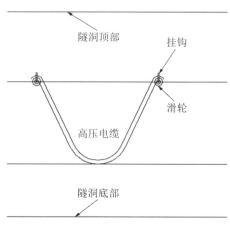

图 4.4-7　高压电缆及其空间布置图

4.4.2　小断面隧洞轨枕快速铺设关键技术

受小断面限制，采用常规的钢枕进行轨道延伸施工时，存在轨距拉杆安装困难、耗时长、需要焊工辅助施工等问题。因此，马百支线隧洞工程轨道延伸施工采用具有快速拆装结构的分体式钢枕，用限位卡板替代轨距拉杆。相比于常规的钢枕，简化了轨距拉杆安装的工序；节省了轨距拉杆及配套压板和螺栓等材料；同时限位卡板自带凹槽，使边枕安装稳固可靠，拆装方便快捷。

微型TBM轨道延伸包含机车轨道延伸和台车边轨延伸，台车边轨采用长度为6.25m的10cm工字钢，机车钢轨采用长度为6.25m的普通钢轨。轨道延伸中的钢枕采用了分体式钢枕，分体式钢枕由中枕和边枕组成，中枕与边枕上分别布设机车轨道和台车轨道，边枕与中枕通过卡板活动连接（图4.4-8）。

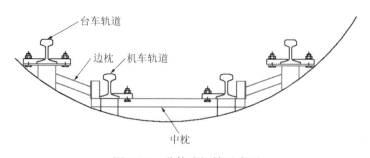

图 4.4-8　分体式钢枕示意图

（1）中枕安装

微型 TBM 连接桥区域机车轨道可用长度剩余不足 50% 时，开始铺设中枕。在 TBM 掘进过程中，按照轨道铺设标准将中枕铺设完毕（图 4.4-9）。

（2）边枕和边轨安装

掘进完成后，利用矿车出渣的时间和空间，拆卸后配套台车尾部露出的边轨，并转运至连接桥区域铺设。边枕采用 10 号的工字钢制成（比常用的 43 号钢轨质量小）。因此，无需使用机车、板车等设备搬运，可人工将边枕、边轨和配套的鱼尾板螺栓和边枕运送到铺轨区，完成边轨的延伸工作（图 4.4-10，图 4.4-11）。

（3）机车轨道延伸

材料运输车带钢轨进洞后，在微型 TBM 掘进过程中，利用连接桥区域的单梁吊具，辅助完成机车钢轨材料的卸车和完成机车轨道的延伸工作（图 4.4-12）。与常规的钢枕相比，分体式钢枕拆装方便，其中的边枕结构可一直循环使用，节省钢材消耗与施工成本，提高了微型 TBM 轨道延伸施工效率。

图 4.4-9 中枕安装

图 4.4-10 安装边枕

图 4.4-11 安装边轨

图 4.4-12 机车轨道安装

4.4.3 快速侧卸式卸渣系统优化与应用

马百支线隧洞施工采用矿车出渣，掘进产生的石渣通过刀盘渣斗依次进入皮带机和矿车，由矿车将石渣转运至洞外渣场。传统的矿车卸渣采用门式起重机翻渣，该卸渣方式占地面积大、操作复杂、单次卸渣时间长、施工成本较高。依据本工程的实际情况，施工场地小，单位时间内出渣体量小，出渣频率高，门式起重机翻渣不适用于本工程。因此，本工程拟采用一种快速侧卸式卸渣系统翻渣。

快速侧卸式卸渣系统主要由侧卸式矿车（图 4.4-13）、配套的曲轨装置、机车组成。根据施工需求（机车需要充电，时间较长），对该系统进行优化，采用卷扬机代替机车作为牵引动力。卸渣施工具体流程为：

图 4.4-13　侧卸式矿车卸渣

第一步：机车到达洞外后，将每节矿车的卸载辊轮升起。

第二步：开动机车，进入主道，将第一节矿车开至曲轨卸载平台中心，矿车在进入曲轨卸载平台到达中心的过程中，矿车车厢会定向向一侧倾斜，逐步卸渣，矿车到达曲轨中心时，矿车车厢倾斜达到最大角度 38°。

第三步：两名冲渣人员进入卸渣架，利用高压水枪辅助卸渣。

第四步：在冲渣过程中，将机车与矿车连接处断开，将机车开到充电桩进行充电，将卷扬机的钢丝绳与矿车连接板连接上。

第五步：矿车车厢冲洗干净后，操作卷扬机收绳，将第二矿车开至曲轨卸载平台中心，开始第二节矿车的卸渣，如此循环，完成余下两节矿车的卸渣。

第六步：所有矿车卸渣完毕后，将卷扬机钢丝绳与矿车连接处断开，机车停止充电，将机车与矿车连接，将整列编组开到副道上，将机车再次充电。将卷扬机钢丝绳放出到指定位置，为下次卸渣施工做好准备。

传统的矿车出渣的翻渣方式是采用龙门吊翻渣，采用侧卸式矿车和配套的曲轨，相比较于传统的龙门吊翻渣方式，节省了施工成本。卸渣施工中，采用卷扬机作为矿车的牵引动力，可在卸渣过程中，将机车空出牵引至充电桩充电，延长机车的充电时间。随着隧道长度的增加，解决了机车充电时间不足的问题，节省了购置机车电池的施工成本。

4.5 TBM 随掘岩体信息感知技术研究与应用

TBM 掘进参数优化控制能够有效提高掘进效率，延长设备使用寿命。目前掘进参数优化控制主要是根据上一掘进循环掘进参数的变化，对下一掘进循环岩体质量进行预判进而调整掘进参数，这在很大程度上依赖于 TBM 主司机的操作经验。在 TBM 掘进过程中，真实的围岩地质参数往往与勘察设计资料存在偏差，且难以及时获取，这是 TBM 掘进参数难以实时优化调整的主要原因。而贯入试验作为岩-机互馈关系研究的主要手段，能够有效模拟 TBM 滚刀在法向力作用下侵入岩体或岩石表面的准静态过程中，是 TBM 掘进参数预测的有效方法之一。马百支线隧洞工程采用武汉大学自主研制的便携式岩体原位贯入测试系统，开展了岩体原位贯入试验和 TBM 原位掘进试验。结合室内岩石力学试验等方法，得到了用于表征贯入响应曲线的 15 种贯入指标、表征 TBM 掘进性能的 8 种掘进参数以及表征岩石强度的 5 种岩石力学参数。采用相关性分析等方法，建立了基于原位贯入指标的岩石强度及脆性表征模型和 TBM 掘进参数预测模型，指导了马百支线微型 TBM 掘进施工。

4.5.1 岩体原位贯入测试系统

岩体原位贯入测试系统的设计思路主要基于贯入试验，其主要包括：贯入仪、压力泵、数据采集仪和控制电脑（图 4.5-1），主要技术参数如表 4.5-1 所示。为便于现场测试，在满足刚度及测试需求的条件下，所设计的原位贯入系统总重约 20kg，贯入仪高度仅 450mm。贯入仪内含液压千斤顶，通过手摇式压力泵对其进行加卸载，用于将贯入仪顶部压头压入或退出岩体，其最大位移和最大贯入力分别为 150mm、300kN。原位贯入的启动及终止过程可由控制电脑控制，其位移及贯入压力将自动保存于数据采集仪中。

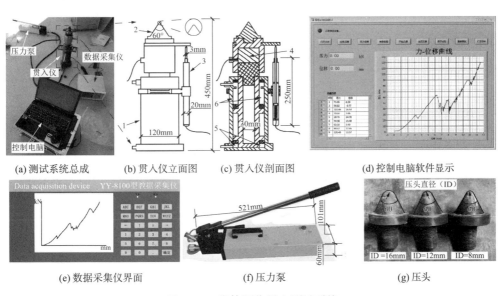

(a) 测试系统总成　(b) 贯入仪立面图　(c) 贯入仪剖面图　(d) 控制电脑软件显示

(e) 数据采集仪界面　(f) 压力泵　(g) 压头

图 4.5-1　岩体原位贯入测试系统

岩体原位贯入测试系统的主要技术参数　　　　表 4.5-1

技术参数	设计值
系统装量/kg	Approx. 20
贯入仪尺寸/mm	200×150×450
最大贯入力/kN	300
最大位移/mm	150
加载速率/(mm/s)	0.001-0.01
压力测量精度/kN	0.001
位移测量精度/mm	0.001
系统采用频率/Hz	100

原位贯入试验的主要测试步骤如下：

步骤 1：测试区域选择。清除测试区域的破碎岩片，修整测试区，使其表面相对平整，消除表面过于粗糙或倾斜对原位贯入测量的影响。

步骤 2：系统组装。岩体原位贯入测试系统的四个部分按照图 4.5-1（a）中的方式进行连接。然后依次打开数据采集仪和控制电脑上相应的显示软件。

步骤 3：原位贯入测试。当压头刚好接触围岩表面时，点击控制电脑或数据采集仪上的开始采集按钮，实时记录压头的贯入力和位移。加载速率应保持在一个较低水平（<0.01mm/s），以确保整个过程准静态加载。当压头深度达到 14mm，结束加载过程和数据采集。有时根据实际测试情况（如岩体极度破碎或贯入力过大等情况），测试终止位移会适当加大或减小。

步骤 4：重复试验（步骤三）。相邻两个试验点之间的距离不应小于弹塑性区宽度。如图 4.5-2 所示，每次测试不少于四个测点以覆盖 ≥50mm×50mm 的加载范围或 ≥150mm 宽度的直线区域。

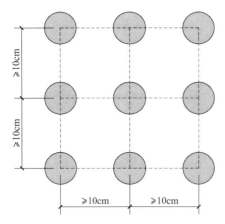

图 4.5-2　岩体原位贯入测试区域的布置示意图

4.5.2　原位贯入测试

岩体原位贯入测试如图 4.5-3 所示。为便于测试，测试区域选择在隧洞拱腰处。在洞外组装原位贯入测试系统，经由贯入系统所在轨道车运送至贯入区域开展原位贯入试验，每个测试断面测试 9 次。在马百支线隧洞里程桩号 K1+370～K3+492 进行了 33 组（共 297

次)的原位贯入测试(表 4.5-2)。原位贯入测试最直接的反映为力-位移响应曲线,后期的定量化指标均从该曲线上提取得到。

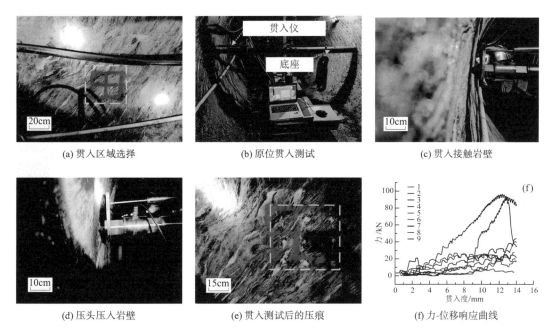

图 4.5-3 岩体原位贯入测试系统现场测试

岩体原位贯入及室内力学试验统计　　　　表 4.5-2

序号	里程桩号/m	贯入试验/次	UCS/次	BTS/次	岩性
1	1370	9	1	—	绢云石英片岩
2	1408	9	4	—	绢云石英片岩
3	1468	9	3	1	绢云石英片岩
4	1540	9	3	—	绢云石英片岩
5	1597	9	—	—	绢云石英片岩
6	1659	9	3	1	绢云石英片岩
7	1717	9	—	1	绢云石英片岩
8	1779	9	4	—	绢云石英片岩
9	1820	9	3	—	绢云石英片岩
10	1858	9	—	1	绢云石英片岩
11	1888	9	1	1	绢云石英片岩
12	1930	9	2	—	绢云石英片岩
13	1968	9	2	—	绢云石英片岩

续表

序号	里程桩号/m	贯入试验/次	UCS/次	BTS/次	岩性
14	2014	9	2	—	绢云石英片岩
15	2071	9	1	2	绢云石英片岩
16	2089	9	—	—	绢云石英片岩
17	2137	9	—	—	绢云石英片岩
18	2180	9	1	2	绢云石英片岩
19	2249	9	2	1	绢云石英片岩
20	2379	9	1	2	绢云石英片岩
21	2488	9	1	2	辉绿岩
22	2572	9	—	2	绢云石英片岩
23	2681	9	1	—	绢云石英片岩
24	2808	9	—	6	辉绿岩
25	2880	9	4	—	辉绿岩
26	2898	9	—	4	辉绿岩
27	2948	9	2	1	绢云石英片岩
28	3029	9	3	2	辉绿岩
29	3060	9	3	1	辉绿岩
30	3128	9	—	5	辉绿岩
31	3308	9	—	—	辉绿岩
32	3368	9	2	1	辉绿岩
33	3492	9	1	—	辉绿岩

4.5.3 岩体原位贯入测试结果分析

如图 4.5-4 所示，原位贯入试验得到的力-位移曲线呈现出水平来回波动，即位移的水平波动，而贯入压力几乎不受影响。其可能原因是：①在贯入过程中，岩体破裂，带动压头附近的局部岩体震动；②位移传感器的弹簧非常敏感，贯入过程中贯入仪的位移传感器和挡板之间的瞬间松动被敏感的位移传感器记录下来。为尽可能地平滑岩体原位贯入测试所得的力-位移曲线，更好地分析曲线信息，采用 Savitzky-Golay 滤波法对力-位移曲线数据进行了平滑处理。该处理方法能够在保留信号特征的同时，有效地去除高频噪声。

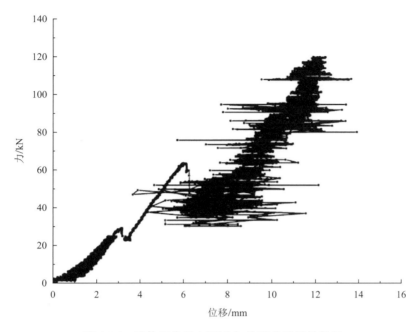

图 4.5-4 岩体原位贯入测试力-位移曲线原始数据

在采用上述滤波方法处理后,这些曲线响应形式可分为以下四种不同类型:

类型Ⅰ:如图 4.5-5 所示,在力-位移曲线中可发现频繁的较大的压力降,曲线表现为多峰,且曲线上升段的斜率是较陡峭的。随着位移的增加,曲线的力值保持在一个较高的水平。结合现场原位测试的情况,此类型的曲线一般在较坚硬、脆性程度较高的岩体上试验得到。

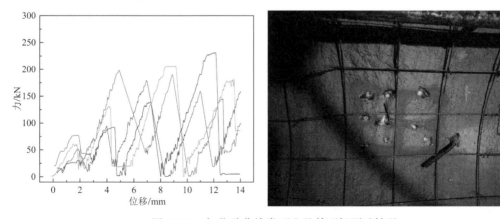

图 4.5-5 力-位移曲线类型Ⅰ及其现场测试情况

类型Ⅱ:如图 4.5-6 所示,该类型曲线中存在较少的峰值(1~2 个),但力值的下降程度较大。当测试时位移从 2mm 逐渐贯入至 8mm,贯入的力值保持在较低且相对稳定的水平(10~50kN),而后又随着贯入位移的增加而增加。曲线类型Ⅱ的初始斜率接近类型Ⅰ;总体上,当达到统计终点 14mm 处时,力值普遍略小于曲线类型Ⅰ的终点力值。结合现场原位测试的情况，此类型的曲线一般是在岩石较硬、脆性程度一般的围岩上贯入测试得到的。

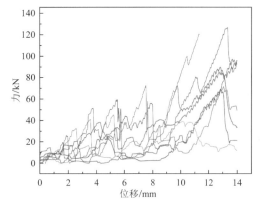 

图 4.5-6　力-位移曲线类型Ⅱ及其现场测试情况

类型Ⅲ：如图 4.5-7 所示，该类型曲线中可发现频繁的较小的压力降，曲线表现为锯齿形。贯入的力值通常保持在较低水平（<50kN）。曲线第一段近线性段的斜率和初始峰值力也较小，在贯入测试过程中出现频繁的贯入力波动。结合现场原位测试的情况，此类型的曲线一般是在岩石较软、无脆性的围岩上贯入测试得到的。

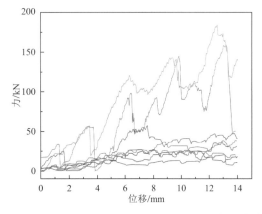 

图 4.5-7　力-位移曲线类型Ⅲ及其现场测试情况

类型Ⅳ：如图 4.5-8 所示，该类型曲线无明显峰值。在整个贯入过程中，贯入力随着贯入位移的增加而增加；曲线的切线斜率也呈现逐渐变大的趋势。贯入试验终点处（14mm）的贯入力值与曲线类型Ⅱ的终点力值接近。结合现场原位测试的情况，此类型的曲线一般是在岩石较软、脆性较低的围岩上贯入测试得到的。

结合曲线的形式及相应的现场原位贯入测试情况发现：Ⅰ和Ⅱ类型曲线的初始斜率大于类型Ⅲ和Ⅳ的初始斜率，根据 Szwedzicki 的结论：力-位移曲线初始斜率越大，岩石单轴抗压强度越大，于是可推测曲线类型Ⅰ和Ⅱ对应的岩体具有比类型Ⅲ和Ⅳ对应岩体更高的单轴抗压强度。

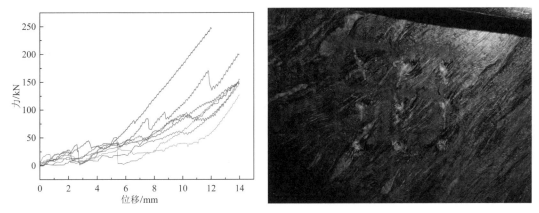

图 4.5-8　力-位移曲线类型Ⅳ及其现场测试情况

4.5.4　岩体原位贯入测试指标相关性分析

力-位移曲线是贯入试验最直接的结果，为量化分析贯入试验的曲线信息，进而定量表征岩石或岩体的力学性质，将这些指标归纳为三类：点指标、线指标和面指标，各指标的计算可从力-位移曲线中提取，如图 4.5-9 所示。

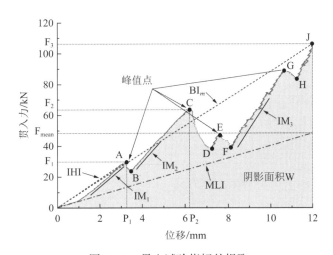

图 4.5-9　贯入试验指标的提取

4.5.5　基于原位贯入试验的岩石强度及脆性表征

传统的岩石力学参数是通过在洞壁围岩钻取岩芯后运送至实验室，经制样处理后开展相关岩石力学试验，存在费时费力且测试滞后的问题。为实现岩石强度参数及其脆性快速表征，本节通过先期获取的大量岩石强度参数，建立其与原位贯入指标之间的数学模型，如此便可以通过在 TBM 掘进过程中开展原位贯入试验进而快速获取岩石强度等参数。因此，在马百支线隧洞 33 个测试断面（表 4.5-2）钻取岩芯，通过开展岩石单轴压缩试验、巴西劈裂试验等，获取岩石密度、单轴抗压强度、弹性模量、泊松比和岩石抗拉强度等。共测试 50mm×100mm 圆柱状岩样 50 个，50mm×25mm 岩样 37 个（图 4.5-10）。

(a) 现场取芯作业

(b) 单轴压缩岩样

(c) 巴西劈裂岩样

图 4.5-10　单轴压缩及巴西劈裂试验岩石试样

如图 4.5-11 所示，贯入试验指标 IM 与岩石单轴抗压强度 UCS、弹性模量 E 以及脆性指标 UCS/BTS 之间具有很好的线性相关关系，相关系数 R^2 均大于 0.69。因此，可以认为贯入试验能够较好地表征岩体力学参数。可以在 TBM 掘进过程中，开展原位贯入试验，以获取贯入试验指标，进而基于已有的力学参数表征模型，得到 TBM 掘进过程中对应的围岩强度参数，如强度、弹性模量以及岩石脆性指标等，可以用于为 TBM 智能掘进快速提供隧洞围岩岩体力学参数（表 4.5-3）。

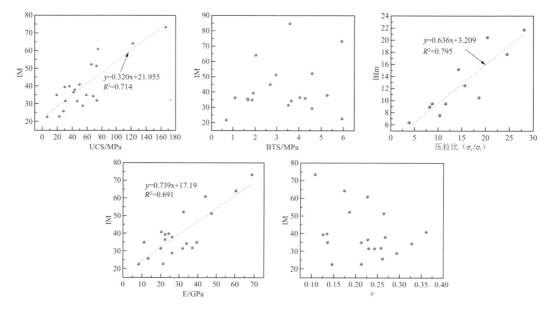

图 4.5-11　贯入试验指标 IM 与岩石强度参数之间的关系

基于原位贯入试验指标的岩石强度及脆性表征模型　　表 4.5-3

岩石力学参数	模型	相关系数（R^2）
UCS	UCS = 3.125 × IM − 68.609	0.714

续表

岩石力学参数	模型	相关系数（R^2）
E	$E = 1.353 \times \text{IM} - 23.261$	0.691
UCS/BTS	$\text{UCS/BTS} = 1.572 \times \text{BIm} - 5.045$	0.795

4.5.6 掘进参数预测

如图 4.5-12 所示，现场贯入度指数 FPI 和原位贯入测试指数 $F_{\max}$ 随着 TBM 掘进里程变化而变化。FPI 展示的结果为原位贯入测试里程所在的掘进周期（约 0.7m）TBM 记录的数据，原位贯入测试指标结果为每次断面处测试的力-位移曲线中提取所得的指标数据。FPI 的变化范围从 19.20 到 57.69kN/cutter/(mm/r)，这反映了该里程段（1370～3492m）岩体质量的变化幅度较大。其变化这也可以通过原位贯入测试指标体现（图 4.5-13），该原位贯入指标也表现出较大的变化范围。

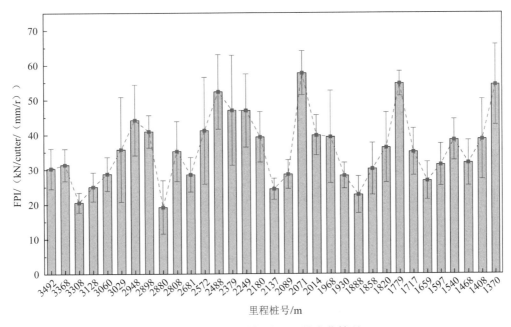

图 4.5-12　FPI 随掘进里程的变化情况

图 4.5-14 为根据 33 个测试断面统计的 8 掘进参数与 15 个贯入指标的相关性矩阵图，在 8 个掘进参数和 15 个贯入指标中，现场贯入度指数 FPI 与贯入指标的相关性最高，尤其是 $F_{\max}$、BIm、IM 等指标，其相关系数均大于 0.6。因此仅需选取一个代表性指标如 $F_{\max}$ 作为贯入试验表征参数。

如图 4.5-15 所示，TBM 贯入度指数 FPI 与原位贯入指标 $F_{\max}$ 具有很强的正相关关系，根据两者的散点图拟合得到最优的线性拟合曲线：

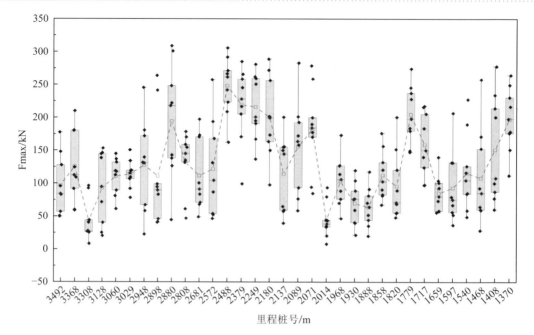

图 4.5-13　F_{max} 随掘进里程的变化情况

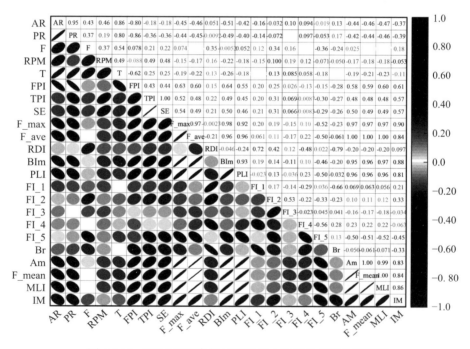

图 4.5-14　TBM 掘进参数与原位贯入指标的相关性矩阵图

$$FPI = 0.159F_{max} + 15.405 \quad R^2 = 0.65 \tag{4.5-1}$$

因此，式(4.5-1)可以作为以 TBM 贯入度指数 FPI 和原位贯入指标 F_{max} 为代表的 TBM 掘进性能表征预测模型。基于原位贯入测试指标的现场贯入度指数 FPI 预测模型验证结果如图 4.5-16 所示。

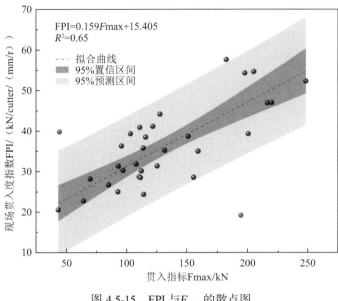

图 4.5-15　FPI 与 F_{max} 的散点图

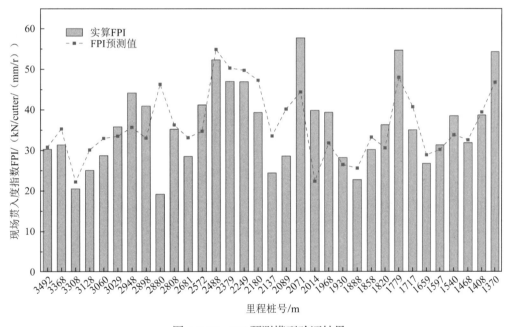

图 4.5-16　FPI 预测模型验证结果

4.6　本章小结

（1）本章总结了微型 TBM 掘进施工成套技术，解决了施工场地不具备施作始发洞的难题，并降低了 TBM 拆卸施工成本。根据实际施工情况，采用后配套同步牵引技术、分体式钢枕快速拆装结构与快速侧卸式卸渣系统，显著地提高 TBM 施工效率。

（2）利用自主研发的便携式岩体原位贯入测试系统，将其搭载在马百支线微型 TBM

上，完成了岩体原位贯入试验和 TBM 原位掘进试验。结合室内岩石力学试验等方法，得到了用于表征贯入响应曲线的 15 种贯入指标、表征 TBM 掘进性能的 8 种掘进参数以及表征岩石强度的 5 种岩石力学参数。采用相关性分析等方法，建立了基于原位贯入指标的岩石强度及脆性表征模型和 TBM 掘进参数预测模型。

第 5 章

扫码查看本章彩图

微型 TBM 出洞与拆卸

5.1 微型 TBM 出洞方案比选

TBM 法隧洞贯通后需要对 TBM 进行接收。目前国内外 TBM 接收大多采用接收洞接收技术，在 TBM 掘进到达预定里程后，在接收端采用钻爆法施作接收洞，在接收洞内安装配套的电动葫芦或桥式起重机辅助拆卸 TBM，然后将 TBM 组件分批运出洞外。针对微型 TBM "小而轻"的特点，还可采用无接收洞接收技术，通过采用牵引装置直接将微型 TBM 牵引接收，在洞外进行拆卸施工。因此，根据微型 TBM 这一特点，接收洞接收和无接收洞接收方案均适用于微型 TBM。

通过对接收洞接收方案和无接收洞接收方案施工分析，并根据微型 TBM 基本情况，对成本、施工工期等方面进行比选（表 5.1-1）。采用无接收洞接收方案不需要单独施作接收洞，因此成本比接收洞接收方案低 21.34 万元，且从节省工期角度考虑，施工效率比接收洞接收方案高 114.29%。综上所述，采用无接收洞接收方案更加经济、高效。

微型 TBM 接收方案比选　　　　表 5.1-1

接收方式	成本/万元	拆卸工期/d	TBM 拆卸难易程度	备注
接收洞接收	27.2	15	高	含拆卸成本
无接收洞接收	5.86	7	低	含拆卸成本

5.2 微型 TBM 无接收洞接收技术

马百支线隧洞微型 TBM 掘进贯通后（图 5.2-1），使用牵引设备将 TBM 牵引出洞，在洞外场地完成 TBM 拆卸。

图 5.2-1　微型 TBM 隧洞贯通

无接收洞接收施工主要包括 TBM 主机牵引出洞、后配套牵引出洞和主机、后配套拆卸等步骤（图 5.2-2）。

第一步：隧洞贯通后，微型 TBM 继续向前空推步进，直至撑靴处于隧洞出口边缘，将主推油缸完全伸出。

第二步：断开皮带、电力以及供水系统。拆卸拖拉油缸，将微型 TBM 主机与后配套断开。

第三步：在前盾上焊制临时吊点，借助装载机将微型 TBM 主机牵引至拆卸场地（图 5.2-3）。

第四步：微型 TBM 主机拆卸完成后，借助装载机将后配套（滑车、台车等）依次牵引至拆卸场地（图 5.2-4）。

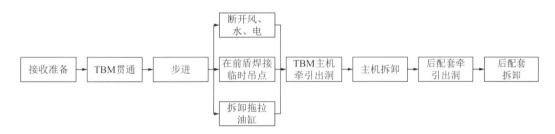

图 5.2-2　无接收洞接收施工流程图

图 5.2-3　微型 TBM 主机牵引出洞

图 5.2-4　微型 TBM 后配套牵引出洞

5.3 微型 TBM 拆卸与存储

微型 TBM 掘进的小尺寸隧洞往往长度不会太长，一般为 3~8km。因此，微型 TBM 掘进完成后，还具有再次使用的价值。为了便于再利用，微型 TBM 的有序拆卸与妥善存储就非常重要。

5.3.1 拆卸流程与注意事项

1）拆卸流程

微型 TBM 拆卸顺序与组装顺序相反，即"先装后拆，后装先拆"，具体拆卸流程（图 5.3-1）为：先拆除电路、信号、通信系统，再拆除液压、管路系统，最后拆卸机械系统；拆除电气系统时，先拆除强电，后拆除弱电；拆除 TBM 主机及后配套时的空间顺序为自上而下、先外后内；拆卸时按照设备→总成→部件→零件的顺序完成，先主体，后框架结构；先设备，后总成，再部件，最后是零件。

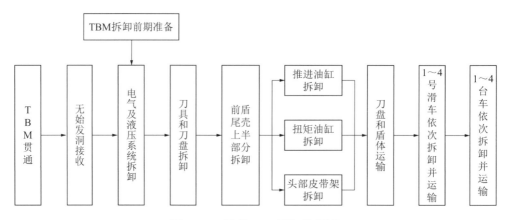

图 5.3-1 微型 TBM 拆卸流程图

2）拆卸操作要点及注意事项

TBM 拆卸的各项作业质量直接关乎 TBM 重复使用的状态与寿命，TBM 的拆卸是系统性作业，从而影响 TBM 的再利用性能。因此需要遵循以下操作要点及注意事项。

（1）拆卸操作要点

首先在隧道贯通前，需全面仔细复查，补全盾构机、电、液各部件的标识。拆卸方案以厂商原始技术资料为依据，贯通前进行主机、后配套及其辅助设备的带负荷性能测试，以全面鉴定各机构、设备的性能状态，为拆卸后及时维护、修理和制定配件计划提供依据。拆卸前将专用拖车和牵引车连接装置准备完好。检查微型 TBM 上各种管接头，出现堵头数量和规格短缺应及时补齐加工。在不影响起吊、包装、运输及保证设备不致变形的情况下，避免将设备部件拆卸零散。无论何种零件清理、喷漆、包装后入库，存放前应检查零件性能状态、标识,并对短缺损坏的零件列出配件清单。拆卸方案与拆卸记录资料需妥善保存,作为以后组拼的依据。

(2)注意事项

TBM 总成拆卸时,需要对拆卸的场地和周围环境进行清理、除污(油污、油泥、脏污)、擦干并铺垫及遮盖,防止人员滑倒、脏物混入、重物坠落等事故发生。拆卸前必须断开设备用电,并释放微型 TBM 运行时形成的封闭油箱的气压、油压。注意其他弹性构件的预压缩力,必要时放油,同时对电气、易氧化、易锈蚀的零件进行保护。安排专人,负责在拆卸部位做标识和记号(系统类别、名称、装配图号、原始安装方位、接口符号等),拆卸人员需填写拆卸登记表,以便了解拆卸顺序、掌握进度、利于交接,遇到问题,便于查询,也为后续的安装做好铺垫。拆卸人员不得跨专业、跨系统拆卸,同一系统,专人负责到底,以保持工作的延续性。对于高空、容易坠落、非人力所能控制的结构件和部件,在拆卸之前,必须采取一定的支承和起重措施,且栓绑牢靠、悬挂可靠,才能拆卸和起吊。拆卸过程需要及时摄影、摄像,并将资料做好保存。

5.3.2 拆卸步骤

1)液压系统拆卸

提前按照不同管路和阀块逐个进行标识。常规尺寸 TBM 液压系统拆卸前,需将油缸全部收回,以便液压油可返回至油箱。但微型 TBM 盾体内空间狭小,不便于开展拆卸工作,因此先将推进油缸全部伸出,增大作业空间,待油缸拆卸完成后,将油缸全部收回,同时回收液压油。液压系统拆卸主要包括泵站拆卸和管路及阀块的拆卸。

(1)泵站拆卸

在微型 TBM 设计中,液压泵站、润滑泵站和供水水泵站均为箱体、泵站和主阀站集成为一体的方式进行布置,泵站拆卸时,只需要将其与外部执行机构的连接软管断开,将箱体、泵站和主阀站进行整体拆卸。在泵站拆卸完后,为了保证其长时间存放不被锈蚀及系统内部不被污染,需对泵站采取处理措施:将箱体内部的油液及水全部取出并清理干净,外部清理干净,进行防锈处理。对电机和泵外表进行清理,并做防锈处理,并对电机进行注脂,对泵站内的阀块及管路进行清理,并做防锈处理。最后,在断开泵站与外部执行机构连接管后,用堵头将泵站上各出油口进行封堵。

(2)管路和阀块的拆卸

在各系统中,需要对管路执行机构进行逐个拆卸,拆卸过程中对其标识,按照标记方法,在某一执行机构中涉及多个控制阀,相邻两个控制阀之间的管路如果有对接头,将不拆卸。在各系统中,除了安装在阀站内不用拆卸的阀块,对于处于执行机构附近的控制阀,在管路拆除后要及时用堵头将阀块上的各出油口封堵,并按照图纸进行标记。在管路拆除后需对管路及阀块进行清理保护,先对管路外表进行清理,再要用高压风将油管内的油液及水吹尽后用堵头封住，待标识做好后，将油管卷起以各个执行机构为单元进行绑扎。在阀块拆卸以后，先对外表进行清理，再用堵头将各油口封好，最后对外表进行防锈处理。

2）电气系统拆卸

用电设备在微型 TBM 正常工作时都是通电的，在电气设备的拆卸工作开始前，首先停止向 TBM 供电，再将高压电缆彻底从微型 TBM 变压器内拆除。后配套部分以台车为单位，从设备尾端依次拆除至第一节滑车。主机部分从驱动电机开始，逐步拆除主机上电气系统。具体各项电气子系统的拆卸工作主要包括电缆的拆卸、电器元件的拆卸、配电箱及独立设备的拆卸。

（1）电缆的拆卸。组织专业人员将电缆的两头从配电柜中拆除，并对其进行回收。在回收电缆的过程中，一定要将捆绑于电缆上用来固定电缆的塑料扎带全部剪掉，不可明知电缆上扎有扎带仍旧生拉硬拽，以免对电缆造成不必要的损伤。回收电缆时如果发现电缆有破损处，应该先用防水自粘带对破损处做防水处理，然后用绝缘胶带包裹。电缆在回收后要将电缆盘成卷，为以后的运输、储存工作做好准备。由于在微型 TBM 上使用大量的电缆，且电缆型号多样，故将电缆回收完毕后，需对电缆进行必要的标识。在电缆的两头贴上事先做好的标签，标签名称为电缆两头所接设备的名称简写。电缆回收后，应根据电缆的型号对电缆进行分别摆放，然后统一运往洞外。

（2）电器元件的拆卸。由于电器元件数量较多且绝大部分安装在微型 TBM 主机上，用于实现信号监测等功能，故需要等到刀盘拆除后方能拆除。安装于阀块上的传感器等，拆除时需要保证液压泵已关闭，以免高压液压油伤人。微型 TBM 使用了大量的如传感器、电磁阀等电器元件，如果随意地堆放到一起不加标识的话，再次使用时需要付出大量的时间寻找所需元件，为了方便识别，需要对拆除的电器元件进行标识，将事先准备好的标签贴于电器元件上，所标名称为电器元件的型号及在图纸中的位置。拆除的电器元件应该清理干净，按照电器元件的型号、功能分别存放到事先准备好的包装箱内，统一运往洞外。

（3）配电箱及独立设备的拆卸。待接入配件箱或独立设备的电缆拆除后，将配电箱或独立设备整体拆除，拆除时，需要保证配电箱的完整性，不可用割枪或其他设备破坏配电箱的完整性。拆除后，需对配电箱做简单的防水处理，如原电缆入口用玻璃胶封闭，配电箱及独立设备内的电器元件不再进一步拆除，但需对其内部的电气元件进行固定，以免在运输途中损坏。配电箱的标识是为了将配电柜的功能与电气图纸中的配电柜相对应，故将配电箱拆除后，应该在配电柜的正面贴上事先准备好的标签，所标名称与电气图纸上的相一致。配电柜及独立设备在洞内临时存放时，应根据其尺寸及重量，整齐的摆放，且存放位置不能有水，以免水进入配电柜内损坏配电柜内部的电器元件。

3）微型 TBM 刀盘拆卸

微型 TBM 步进出洞后进行刀盘拆卸（图 5.3-2），清洗擦拭刀盘吊耳焊接位置，重新焊接刀盘吊耳。借助起重设备，使刀盘处于悬空状态，借助液压拉伸器拆除刀盘法兰盘与主驱动连接的双头螺柱，将刀盘与主驱动分离。拆下的双头螺柱需用柴油清洗，并妥善保管。

图 5.3-2　微型 TBM 刀盘拆卸

4）微型 TBM 主机拆卸

首先拆除前盾尾壳与前盾的连接螺栓，用碳弧气刨枪刨开前盾尾壳上下连接以及与前盾焊接的焊缝，在前盾尾壳上半部分焊接吊耳后，缓慢吊出前盾尾壳上半部分（图 5.3-3）。其次，待前盾尾壳上半部分拆卸完成后，断开盾体内推进油缸、扭矩油缸等所有连接部件。最后，在前盾、伸缩盾与撑紧盾上焊接吊耳，借助起重设备完成主机拆卸（图 5.3-4）。

图 5.3-3　前盾尾壳上半部分拆卸　　图 5.3-4　前盾拆卸

5）后配套拆卸

将每组台车、滑车间的连接断开，借助吊车完成后配套拆卸（图 5.3-5）。

图 5.3-5　后配套拆卸运输

5.3.3 微型 TBM 运输

微型 TBM 运输主要包括运输前资料准备、制定运输作业规程、确定运输实施的先决条件、运输实施过程控制等环节。

（1）运输前资料的准备

运输前资料的准备包括货物报告、运输方案、安全及预防措施和运输车辆检查报告。货物报告需要明确运输微型 TBM 的质量、尺寸、捆扎要求等。运输方案根据微型 TBM 最大部件主驱动的尺寸与质量，选用 50t 半挂车和适宜的运输道路。安全及预防措施方面需要提前确定运输当日预途经的各路段的情况，并持续关注，制定发生事故后的补救措施。运输车辆检查报告包括车辆各部技术状况、液压、制动、机械连接的可靠程度、捆扎工具情况等。

（2）制定运输作业规程

主要包括理货、编制运输方案的内容、标准。装车、车辆捆扎、运行、卸车的操作程序、操作方法和标准等。

（3）确定运输实施的先决条件

确定运输实施的先决条件包括车辆、设备已经整备完好和运输的外界条件已经满足。车辆、设备已经整备完好是指随车吊需达到车辆技术规范规定的运行标准，运输车辆需按方案的要求进行必要的参数调整，必要的试验和检查需完成并显示正常。运输的外界条件已经满足是指装、卸车场地满足车辆进出和货物装卸要求，运输道路的障碍已经排除，对于运输中可能出现的意外情况应有备用方案。确定运输实施的先决条件由运输负责人逐项进行确认。只有所有先决条件被确定为可行，才可实施运输。

（4）运输实施过程控制

运输过程应实施安全检查，根据安全及预防措施所列项目和运输方案所制订的措施由安全负责人适时进行。运输实施过程控制包括装车检查、运行中进行检查和卸车检查。首先是装车检查，在出发前安全负责人需检查货物是否装在挂车指定位置、货物的重心是否与挂车的中心对正、捆扎工具与方式是否符合技术要求并牢固可靠、重要部位的防护措施是否有效四个方面。运行中进行检查是指每行驶一段距离后，安全负责人需对微型 TBM 组件的移位情况、捆扎情况等进行检查。因中铁十八局施工的十堰市水资源配置工程 5 号隧洞出口处于施工状态，因此将微型 TBM 暂时存放于该施工场地。设备到达指定地点后，车辆停放的位置需符合卸车要求，捆扎工具应全部解除，卸车过程需符合方案要求等。

5.3.4 微型 TBM 存储

中铁十八局施工的十堰市水资源配置工程 5 号隧洞 TBM 仍处于掘进施工状态，为了便于拆卸后的微型 TBM 进行日常清理保养，将微型 TBM 临时存放于 5 号隧洞出口施工场地。临时存放场地搭设彩钢瓦棚，现场作业人员将微型 TBM 组件清理后有序存放于瓦棚内。保障班组负责每天清扫场地，保持场地干净整洁，运输通道畅通；整备班组定期对微型 TBM 组件进行简单保养，保证设备能在后续工程中正常运行（图 5.3-6～图 5.3-13）。

图 5.3-6　微型 TBM 临时存放场

图 5.3-7　刀盘

图 5.3-8　前护盾

图 5.3-9　主推、拖拉油缸

图 5.3-10 撑紧盾

图 5.3-11 动力电缆

图 5.3-12 后配套拖车

图 5.3-13 后配套台车

5.4 本章小结

（1）微型 TBM 接收分为接收洞接收技术和无接收洞接收技术。从成本、拆卸工期和 TBM 拆卸难易程度等三个方面对这两种接收方案进行比选。采用无接收洞接收方案成本比接收洞接收方案低 21.34 万元，且施工效率比接收洞接收方案高 114.29%。因此，经综合比选采用无接收洞接收方案接收微型 TBM。

（2）合理的 TBM 拆卸、运输与存储对设备的再利用至关重要。该微型 TBM 拆卸流程分为液压系统拆卸、电气系统拆卸、刀盘拆卸、主机拆卸和后配套拆卸五个部分，拆卸完成后，及时将微型 TBM 运输至安全场地并做好存储和定期保养，保证能在后续工程中正常运行。

第 6 章

扫码查看本章彩图

小断面隧洞支护施工

6.1 岩体尺寸效应对隧洞稳定性的影响

在隧洞施工过程中，围岩经常会发生变形、塌方甚至垮塌的风险，从而引发围岩失稳破坏。不同洞径条件下，围岩的稳定性差异显著，这不仅与岩体的材料特性和赋存环境密切相关，还受到围岩结构的显著影响。因此，有必要对隧洞围岩的变形机理及其失稳模式进行深入分析，以明确隧洞断面尺寸对岩体稳定性的影响，从而为马百支线隧洞设计与施工提供依据。

6.1.1 隧洞围岩变形机理及失稳模式分析

根据岩体结构类型的不同，围岩变形包括材料变形和结构变形。其中材料变形包括弹塑性变形及黏性变形，结构变形包括结构面张开/闭合引起的岩层变形，结构面滑动引起的岩块变形，岩块的滚动脱落，软弱夹层的挤出变形等。

根据现行国家及行业标准《水力发电工程地质勘察规范》GB 50287—2016、《铁路隧洞设计规范》TB 10003—2016、《公路隧洞设计细则》JTG/T D70—2010、《水利水电工程地质勘察规范》GB 50487—2008（2022年版）、《工程岩体分级标准》GB/T 50218—2014及相关学者的研究，岩体失稳破坏模式可大致分为不破坏、局部掉块、变形超限、拱形塌方、整体塌方等。在围岩失稳破坏前，通常还存在先兆现象，逐步诱发更大规模的失稳。整体块状结构、块状结构、碎裂结构岩体先兆现象包括局部掉块、多处频繁掉块、变形持续增加、结构面张开滑动、次生结构面急剧增多、涌水涌砂等。结合以上研究结果，本节对整体块状结构、块状结构、碎裂结构岩体的变形及失稳特征进行总结分析。

1）整体块状结构围岩变形机理及失稳模式分析

（1）变形机制

整体块状结构岩体完整性好，呈巨块状，结构面组数少，密度小，且层间结合好，总体来说围岩稳定性好。通常情况下在此类围岩条件下，围岩变形主要为材料变形，变形量主要受岩石物理力学参数的影响。马百支线微型TBM掘进隧洞为圆形，因此对圆形隧洞开挖进行变形计算分析。基于弹塑性力学理论，计算半径为R_0的圆形隧洞围岩位移场，需做如下假设：①视围岩为均质的、各向同性的连续介质；②隧洞位于一定深度，简化为无限体中的孔洞问题；③不考虑隧洞掌子面的端部效应，将三维应力问题简化为平面应变问题；④初始应力场以侧压力系数λ表示，$\lambda = \sigma_h/\sigma_v$。在上述假设条件下可以计算得到围岩变形的解析解。根据关宝树等的研究结果，当围岩强度和变形模量较高，处于弹性状态时，洞壁的径向位移u和切向位移v分别为：

$$\left.\begin{array}{l}u = R_0 \dfrac{1-\mu_m^2}{E_{mc}[\sigma_h + \sigma_v + 2(\sigma_h - \sigma_v)\cos(2\theta)]} \\ v = 2R_0 \dfrac{1-\mu_m^2}{E_{mc}(\sigma_h - \sigma_v)\sin(2\theta)}\end{array}\right\} \tag{6.1-1}$$

式中：σ_h——水平原岩应力；

σ_v——竖直原岩应力；

E_{mc}——围岩弹性模量；

μ_m——围岩泊松比。

令K_u、K_v分别为：

$$\left.\begin{array}{l}K_u = \dfrac{1-\mu_m^2}{E_{mc}[\sigma_h + \sigma_v + 2(\sigma_h - \sigma_v)\cos(2\theta)]} \\ K_v = 2\dfrac{1-\mu_m^2}{E_{mc}(\sigma_h - \sigma_v)\sin(2\theta)}\end{array}\right\} \tag{6.1-2}$$

将式(6.1-2)代入式(6.1-1)，可得到围岩弹性变形与隧洞断面尺寸的关系：

$$\left.\begin{array}{l}u = K_u R_0 \\ v = K_v R_0\end{array}\right\} \tag{6.1-3}$$

式中：K_u——洞壁弹性径向位移；

K_v——环向位移系数。

由式(6.1-3)可知，隧洞围岩的弹性变形包括径向位移和环向位移均与隧洞洞径R_0成线性正比例关系，其比例系数K_u、K_v由围岩的初始应力场（σ_h、σ_v）、围岩的弹性模量和泊松比以及洞壁变形监测点的位置θ等参数决定。

以上分析了围岩弹性变形与隧洞洞径的关系，当围岩强度应力超过弹性极限时，隧洞周边将形成塑性圈，圈内岩石将发生塑性变形。此时洞壁围岩变形u_p为：

$$u_p = \dfrac{\sin\phi\, m + (\sigma_0 + c_m \cot\varphi_m) R_1^2}{2 G_m R_0} \tag{6.1-4}$$

式中：c_m——岩石黏聚力；

ϕ_m——围岩内摩擦角；

G_m——岩石的剪切模量；

σ_0——初始地应力；

R_1——围岩塑性圈半径。塑性区半径R_1可通过下式求得：

$$R_1 = R_0 \left[(1-\sin\varphi_m)\dfrac{\sigma_0 + c_m \cot\varphi_m}{\sigma_a + c_m \cot\varphi_m}\right]^{\frac{1-\sin\varphi_m}{2\sin\varphi_m}} \tag{6.1-5}$$

式中：σ_a——支护结构对围岩的作用力，即支护力。

将式(6.1-5)代入式(6.1-4)可得到：

$$u_p = \frac{\sin\varphi_m}{2G_m}(\sigma_0 + c_m \cot\varphi_m)^{\frac{1}{\sin\varphi_m}} \cdot \left(\frac{1-\sin\varphi_m}{\sigma_a + c_m \cot\varphi_m}\right)^{\frac{1-\sin\varphi_m}{\sin\varphi_m}} R_0 \quad (6.1\text{-}6)$$

令

$$K_p = \frac{\sin\varphi_m}{2G_m}(\sigma_0 + c_m \cot\varphi_m)^{\frac{1}{\sin\varphi_m}} \cdot \left(\frac{1-\sin\varphi_m}{\sigma_a + c_m \cot\varphi_m}\right)^{\frac{1-\sin\varphi_m}{\sin\varphi_m}} \quad (6.1\text{-}7)$$

则有围岩塑性变形与隧洞洞径的关系：

$$u_p = K_p R_0 \quad (6.1\text{-}8)$$

式中：K_p——洞壁塑性位移系数。

由式可知，隧洞围岩的塑性变形也与隧洞洞径R_0成一次正比例关系，其比例系数K_p由围岩的初始应力场、围岩的剪切模量G_m、围岩的黏聚力和内摩擦角c_m、φ_m以及支护结构对围岩的作用力σ_a等参数决定式(6.1-7)。由式(6.1-3)、式(6.1-8)可知，不管是隧洞围岩的弹性变形还是塑性变形，均与隧洞断面的尺寸成一次线性比例关系，即围岩的材料变形u_m与隧洞断面的半径R_0的比值u_m/R_0是一个常量。表明隧洞开挖洞径越小，其洞壁变形量越小，控制洞壁变形所需的支护措施就越弱，有利于微型TBM掘进施工。

（2）失稳模式

根据岩石坚硬程度，整体块状结构岩体可分为硬质岩和软质岩，结构面状态可分为层间结合好与层间结合一般。

对于硬质岩而言，层间结合好的整体块状硬质岩整体极稳定，无坍塌，自稳状态极好，围岩变形主要以弹性变形为主，变形量极小。通常情况下不会出现失稳破坏，当隧洞所在位置地应力较高时，硬质岩可能会出现岩爆。层间结合一般且结构面组合不利时可能出现局部拱顶掉块，失稳先兆现象为结构面张开、滑动。围岩级别通常为Ⅰ、Ⅱ级。

对于软质岩而言，层间结合好的整体块状软质岩整体基本稳定，自稳状态好，围岩变形较大，以塑性变形为主。失稳破坏模式主要为拱顶变形大，若未及时支护，围岩将持续变形不收敛，最终发展为拱顶塌方。层间结合差时容易由于结构面的张开、滑动而导致拱顶掉块。围岩级别通常为Ⅲ级。整体块状岩体失稳破坏模式如表6.1-1所示。

整体块状岩体失稳破坏模式　　表6.1-1

岩石坚硬程度	围岩级别	失稳先兆	失稳模式	破坏形态
硬质岩	Ⅰ、Ⅱ	一般不失稳；层间结合一般时可能出现结构面的张开、滑动	不失稳、局部掉块	整体极稳定，一般不出现破坏。层间结合一般是可能出现局部拱顶掉块
软质岩	Ⅲ	围岩变形持续增加；层间结合较差时可能出现结构面的张开、滑动	变形超限、掉块	整体较稳定，拱顶变形量大，若未及时支护可发展为拱顶的局部塌方

2）块状结构围岩变形机理及失稳模式分析

（1）变形机制

块状结构岩体完整性一般，块状结构，通常发育3～4组贯穿节理，结构面间距为50～100cm，结构面强度强弱不均，总体来说围岩稳定性一般。块状结构围岩变形主要表现为：由围岩强度和软弱结构面控制的块体分离和脱落，其力学机制主要包含岩块的脆性破坏和沿着弱结构面的剪切滑移。围岩变形主要为结构变形，包括沿结构面的滑动变形及滚动变形，如图6.1-1和图6.1-2所示，变形量主要受结构面物理力学参数及结构面走向的影响。

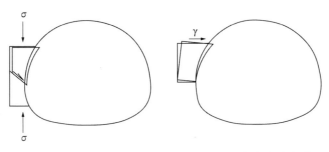

图 6.1-1　岩块滑动变形　　　图 6.1-2　岩块滚动变形

块体滑动变形的基本力学机理为：在隧洞开挖后洞壁法向卸荷、洞壁切向应力集中及岩块自身重力作用下，岩块间结构面上产生的拉应力或剪切应力超过结构面的抗拉或抗剪强度时，块体便会沿结构面滑动、断裂直至脱落，导致掉块等失稳现象的发生。根据刘建友等的研究，岩块沿结构面滑动的变形量u_s，可用以下公式计算：

$$u_s = \frac{1}{\eta_k}(\sigma_s - \sigma_\tau)t \tag{6.1-9}$$

式中：η_k——黏滞刚度系数；

σ_s——下滑应力；

σ_τ——抗滑力；

t——变形时间。

块体滚动的变形规律可由以下公式表示：

$$\left.\begin{aligned}\varepsilon_x &= \frac{dx}{a} = \frac{1}{\cos\gamma} - 1 \\ \varepsilon_y &= \frac{dy}{b} = \sqrt{1 + 2\tan\theta\tan\gamma} - \tan\gamma - 1\end{aligned}\right\} \tag{6.1-10}$$

式中：a——岩块高度；

b——岩块宽度；

γ——岩块转动角；

$\tan\theta$——岩块高度比；

dx、dy——块体x方向和y方向的变形量。

(2) 失稳模式

块状硬质岩整体稳定性较好,围岩变形主要为结构面主导的结构变形,可能出现小规模的失稳破坏。围岩级别通常为Ⅱ级或Ⅲ级。开挖时可能出现拱顶局部掉块现象,层间结合一般时可能出现拱顶多处掉块,若未及时支护可发展为拱部小范围塌方;掌子面通常可以自稳。失稳先兆现象为结构面张开、滑动,拱部掉块量增加。

块状软质岩整体稳定性较差,围岩变形主要为结构面主导的结构变形,可能出现大规模失稳破坏。围岩级别通常为Ⅳ级。开挖时可能出现拱顶频繁掉块,层间结合差时可能出现小范围塌方,若未及时支护可发展为大范围塌方;掌子面变形量较大。失稳先兆现象为结构面的张开、滑动,拱部掉块量增加,次生裂隙增多。块状岩体失稳破坏模式如表6.1-2所示。

块状岩体失稳破坏模式　　表6.1-2

岩石坚硬程度	围岩级别	失稳先兆	失稳模式	破坏形态
硬质岩	Ⅱ、Ⅲ	一般不失稳;层间结合一般时可能出现结构面的张开、滑动	掉块为主	整体较稳定,可能出现小规模失稳破坏。层间结合一般时会出现拱顶掉块,可能发展为小范围塌方
软质岩	Ⅲ	结构面张开、滑动,拱顶掉块量增加,次生裂隙增多	多处掉块、拱顶变形超限、塌方	整体稳定性较差,开挖时会出现拱顶频繁掉块,层间结合差时可能出现小范围塌方,可发展为大范围塌方

3) 碎裂结构变形机理及失稳模式分析

(1) 变形机制

碎裂结构岩体完整性差,通常发育多组贯穿节理,结构面间距通常小于50cm,结构面强度较低,总体来说围岩稳定性差。碎裂结构的岩体节理化严重,结构面的黏聚力及内摩擦角通常较低,抗拉及抗剪强度低,因此,该结构岩体的变形及破坏主要由结构面力学特性所决定。隧洞开挖后由于洞壁法向卸荷作用,洞壁切向产生应力集中,其中,由于压应力导致的局部拉应力集中可使结构面分离,岩块在重力作用下发生坍塌;压应力集中导致结构面剪切滑移或软质围岩的挤出变形。碎裂结构围岩通常出现在强风化区、构造作用强烈区和浅埋洞段。

(2) 失稳模式

碎裂结构硬质岩整体稳定性较差,围岩变形主要为结构面主导的结构变形,可能出现大规模的失稳破坏。围岩级别通常为Ⅳ级。开挖时拱顶频繁出现多处掉块现象,层间结合一般时可能出现小范围塌方,若未及时支护可发展为拱部大范围塌方;掌子面显著掉块,变形大。失稳先兆现象为结构面张开、滑动,拱部多处频繁掉块。

碎裂结构软质岩整体稳定性差,围岩变形主要为结构面主导的结构变形,容易出现大规模失稳破坏。开挖时可能出现拱顶小范围塌方，层间结合差时可能出现拱顶大范围塌方，若未及时支护可发展为整体塌方；掌子面显著掉块，不稳定。失稳先兆现象为拱部小范围塌方，持续掉块，次生裂隙增多。碎裂结构岩体失稳破坏模式如表 6.1-3 所示。

碎裂结构岩体失稳破坏模式 表 6.1-3

岩石坚硬程度	围岩级别	失稳先兆	失稳模式	破坏形态
硬质岩	Ⅳ	结构面张开、滑动，拱顶多处频繁掉块	显著掉块、拱顶变形、塌方	整体稳定性较差，可能会出现小规模失稳破坏。层间结合一般时会出现拱顶掉块，可能发展为拱顶大范围塌方
软质岩	Ⅴ	拱部小范围塌方，持续掉块，次生裂隙增多	拱形塌方、整体塌方	整体稳定性差，开挖时会出现拱顶小范围塌方，层间结合差时可能出现拱顶大范围塌方，可发展为整体塌方

6.1.2 隧洞洞径对围岩稳定性的影响

结合 6.1.1 节，隧洞洞径对围岩稳定性的影响可以总结为以下几个方面：

（1）围岩结构类型的变化

隧洞洞径的变化可能会引起围岩结构类型的变化。随着隧洞断面尺寸的增大，围岩所涉及的结构面通常也越多，围岩结构类型会从整体块状结构逐渐转变为层状结构、块状结构，最终可能发展为碎裂结构（图 6.1-3）。围岩结构类型的变化将导致围岩结构变形机制的转变。

（2）变形机制的改变

不同的围岩结构类型对应不同的变形机制。在整体块状结构下，围岩变形主要以弹性、塑性、黏性变形为主，结构变形较小；当结构类型转变为块状或碎裂结构时，围岩变形机制逐渐以结构面的张开、闭合以及岩块的滑动、滚动为主。这些变形机制的转变会显著影响围岩的稳定性。因此，围岩结构越破碎，隧洞围岩稳定性就越低。

（3）围岩变形及稳定性影响

围岩的总变形量包含岩石材料变形和围岩结构变形，两者均与隧洞洞径密切相关。隧洞洞径对围岩变形产生影响的原因：一是隧洞洞径增加会导致围岩弹性变形增大和塑性区扩大进而增加塑性变形；二是断面尺寸的大小可能会改变围岩的结构类型进而引发围岩结构变形机制的变化。对于整体块状结构围岩，围岩的总变形量主要由岩石材料变形决定，并且与隧洞洞径呈线性关系；对于块状及碎裂结构围岩，围岩的总变形量主要由围岩结构变形决定，并且与隧洞洞径呈非线性关系。因此，在小断面隧洞的情况下，围岩结构相对完整，以岩石材料变形为主，围岩结构变形较小，围岩稳定性较好。随着隧洞洞径的增大，围岩的变形量可能会显著增加，导致围岩的稳定性下降，可能引发滑动、滚动甚至坍塌等现象。

综上所述，隧洞洞径对围岩稳定性的影响主要体现在围岩结构类型的变化、变形机制的改变以及变形量的增大上。随着洞径的增大，隧洞围岩所涉及的结构面数量通常有所增加，这将导致围岩结构类型逐渐变得复杂，变形机制由岩石材料变形为主转向围岩结构变形为主，导致围岩稳定性下降。在小洞径条件下，隧洞围岩结构呈现为整体块状结构，围岩变形以岩石材料变形为主，同时塑性区范围较小，相应的塑性变形较小，隧洞围岩总变形量较小，整体更为稳定。

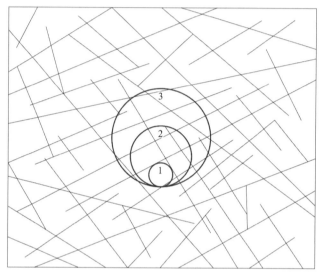

1—整体块状结构，2—块状结构，3—碎裂结构

图 6.1-3 隧洞洞径对围岩稳定性的影响示意图

6.2 小断面隧洞支护参数设计

勘察设计资料（表 1.3-1）表明：马百支线隧洞围岩多为坚硬岩，岩体结构较完整，呈整体状或块状，围岩类别以Ⅲ类为主。其中Ⅱ类围岩总长 308m，占比 7.5%；Ⅲ类围岩总长 3672m，占比 89%；Ⅳ类围岩总长 107m，占比 2.6%；Ⅴ类围岩总长 41m，占比 1%。根据工程设计需求，该隧洞为无压引水隧洞。根据《水利水电工程地质勘察规范》GB 50487—2008（2022年版）对马百支线隧洞提出如下支护设计方案：隧洞洞身采用锚网、钢拱架支护+喷射混凝土支护，Ⅲ类围岩洞段采用锚网+喷射混凝土支护，Ⅳ、Ⅴ类围岩洞段采用锚网+钢拱架+喷射混凝土支护。具体支护参数见表 6.2-1。需要说明的是，现有规范未考虑岩体尺寸效应对围岩稳定性的影响，因此，针对同一围岩类别条件下稳定性更好的小直径隧洞而言，其所推荐的支护设计参数与大直径隧洞相同，因此支护偏于保守，这有待于后续进一步研究优化。

小断面隧洞支护参数表　　　　　　表 6.2-1

围岩类别	锚杆	网片	喷射混凝土	钢拱架
Ⅱ	根据实际情况参照Ⅲ类围岩采用随机支护			—
Ⅲ	边顶拱 240°布置 HRB400ϕ22，$L=1.5\text{m}$，间距 $1\times1.5\text{m}$，即每环 5/6 根交替布置，钻孔直径为 42mm，采用锚固剂满塞锚固	边顶拱 240° 布置，HPB300ϕ6.5@25×25cm（保护层不小于 5cm，搭接一个网格）	C25，厚 10cm，喷射范围为边顶拱 240°	—
Ⅳ	边顶拱 240°布置 HRB400ϕ22，$L=1.5\text{m}$，间距 $1\times1\text{m}$，即每环 5/6 根交替布置，钻孔直径为 42mm，采用锚固剂满塞锚固	边顶拱 240° 布置，HPB300ϕ6.5@25×25cm（保护层不小于 2cm，搭接一个网格）	C25，厚度 14cm，全断面喷混凝土	全断面工12 钢拱架，纵距 100cm，连接钢筋采用 10 号槽钢 $L=1.0\text{m}$，环向间距 1.2m
Ⅴ	边顶拱 240°布置 HRB400ϕ22，$L=1.5\text{m}$，间距 $1\times0.5\text{m}$，即每环 5/6 根交替布置，钻孔直径为 42mm，采用锚固剂满塞锚固	边顶拱 240° 布置，HPB300ϕ6.5@25×25cm（保护层不小于 2cm，搭接一个网格）	C25，厚度 14cm，全断面喷混凝土	全断面工12 钢拱架，纵距 50cm，连接钢筋采用 10 号槽钢 $L=0.5\text{m}$，环向间距 1.2m

6.3 小断面隧洞支护作业

由于小断面条件下隧洞围岩更加稳定，以及隧洞内支护作业空间有限，马百支线隧洞微型 TBM 未搭载传统支护设备（如锚杆钻机、喷混系统等）。TBM 在遭遇断层破碎带等不良地质时采用外置支护设备，即通过在盾尾处喷射混凝土对软弱围岩进行初支封闭。由于微型 TBM 设备与围岩间隙小，钢拱架与后配套干涉，无法在盾尾处安装钢拱架。因此，当对隧洞进行初支封闭后可使 TBM 缓慢掘进通过不良地质段，待不良地质段在 TBM 后配套尾部露出后，可根据围岩条件采用锚网或采用锚网+钢拱架支护。

6.3.1 锚杆施工

马百支线隧洞工程锚杆施工分为两种，分别是锁脚锚杆施工和系统锚杆施工，其设计参数如表 6.2-1 所示，具体施工流程如下：

（1）锁脚锚杆

锁脚锚杆主要是为了支撑钢拱架，防止钢拱架垮落，确保施工安全，施工流程如下：首先，根据拱架安装间距的要求，使用卷尺测量并标定锁脚锚杆的安装位置。接着，使用 $\phi22\times70\text{cm}$ 的螺纹钢作为锚杆，用冲击钻钻出 $\phi25$、深度 50cm 的锚孔。随后，将预先浸泡好的 2 袋锚固剂依次填入锚孔，直至锚孔完全填满。最后，使用大锤将锚杆敲入至孔底。

（2）系统锚杆

系统锚杆的主要作用是加固围岩，它通过在岩层中安装锚杆来增强岩层的稳定性，防止岩层变形或坍塌，施工流程如下：首先，根据设计要求，根据表 6.2-1 的锚杆间排距，进行现场测量和放样，在岩体上标记孔位。然后，使用 YT 28 风枪在标记点钻孔，孔径 42mm，孔深1.5m，孔位偏差控制在15cm以内，钻孔角度需与岩体垂直且保持稳定。钻孔完成后，使用高压风清孔，清除孔内岩粉和积水，检查孔道，对不合格的孔位重新钻孔。接着，将浸泡好的锚固剂通过PVC管稳固送至孔底，直至锚孔填满。随后，插入ϕ22、长度1.65m的螺纹钢锚杆，并使用大锤将其敲入孔底。锚杆安装完成后24h内，不得敲击、碰撞或牵拉锚杆，并确保锚杆孔口固定牢固。

为检验系统锚杆的施工质量，进而确保系统锚杆充分发挥支护功能，需对其进行抗拔验收。根据设计要求及相关规范，马百支线隧洞工程系统锚杆抗拔力要求不小于150kN。如表6.3-1所示，对马百支线隧洞K0+018-K0+155里程范围内三根系统锚杆采用分级加卸荷法进行抗拔验收，试验结果表明，三根锚杆的拉拔强度均大于150kN，平均最大拔出量为约5.20mm，满足规范要求。

马百支线隧洞系统锚杆分级加卸法抗拔试验结果　　　　表6.3-1

荷载/kN		1号		2号		3号	
		本级拔出/mm	累计拔出/mm	本级拔出/mm	累计拔出/mm	本级拔出/mm	累计拔出/mm
一级	0	0.00	0.00	0.00	0.00	0.00	
二级	10	0.27	0.27	0.58	0.58	0.74	
三级	50	0.76	1.03	0.72	1.30	0.61	1.35
四级	75	0.53	1.56	0.67	1.97	0.77	2.12
五级	100	0.90	2.46	0.88	2.85	0.89	3.01
六级	120	0.84	3.30	0.68	3.53	0.96	3.97
七级	133	0.75	4.05	0.78	4.31	0.51	4.48
八级	150	0.91	4.96	0.99	5.30	0.87	5.35
最大拔出量/mm		4.96		5.30		5.35	

6.3.2 钢筋网施工

本工程的钢筋网采用6mm的圆钢在邻近的5号隧洞综合加工厂预制，通过运输车运输至洞外施工场地临时存放在材料存放区（图3.1-1）。钢筋网采用现场成片铺设的方式施工，钢筋网施工质量标准见表6.3-2，施工流程如下：首先，在洞外提前将钢筋网按照搭接规范（表6.3-2）每3张一组进行搭接，形成一个整体，便于板车运输，并扩大挂网施工时的工作面，从而缩短作业时间，提高施工效率。接着，使用冲击钻钻出ϕ8mm、深度10cm的孔，并将ϕ6mm圆钢插入孔内后锤弯，固定钢筋网与岩面。在相邻钢筋网搭接时，确保纵横钢筋网对应搭接一个网格的长度。最后，在钢筋网的绑扎搭接接头的中心和两端，使用双股扎丝进行牢固绑扎（图 6.3-1）。

图 6.3-1　网片安装

钢筋网片施工质量检验标准　　　　　　　　　　　　　　　　　表 6.3-2

项次	检验项目	质量要求	检验方法
1	钢筋网格间距偏差	≤20mm	钢尺量测
2	钢筋网安装	网片搭接长度≥250mm	钢尺量测
		网片不得错位晃动	手动检测
3	搭接处绑扎	双股扎丝绑扎	观察检查
		搭接处两端及中部均需绑扎	观察检查

6.3.3　钢拱架施工

本工程钢拱架采用Ⅰ12型钢在5号隧洞综合加工厂预制。通过运输车运输至洞外施工场地临时存放在材料存放区（图3.1-1）。钢拱架分为4段，每段角度为90°，掘进施工中仅安装边拱顶270°（图6.3-2），底部拱架隧洞贯通后拆除机车轨道后再安装，钢拱架施工标准见表6.3-3，施工流程如下：首先，将钢拱架运输至作业面，并将3段钢拱架拼装成一个整体。一侧拱脚与锁脚锚杆紧密贴合后，使用卷尺测量拱顶和拱腰与上一榀拱架的间距，调整拱架的间距和垂直度。随后，使用焊机将该侧拱脚与锁脚锚杆焊接。接着，使用10t机械千斤顶和钢管顶住拱架拱顶部，确保拱架与岩面紧密贴合，然后焊接另一侧的拱脚与锁脚锚杆。焊接完成后，复紧拱架连接螺栓（图6.3-3），并焊接拱架连接板接合面。对于锁脚锚杆与拱架之间缝隙较大的部分，使用螺纹钢进行双面绑焊。最后，在相邻拱架的8点位、

10 点位、12 点位、14 点位和 16 点位使用 10cm 槽钢焊接连接，焊接完毕后松开千斤顶，继续下一榀拱架的施工。

图 6.3-2　钢拱架支护

图 6.3-3　复紧拱架连接螺栓

钢拱架施工质量检验标准　　　　　　　　表 6.3-3

项次	检验项目	质量要求	检测方法
1	焊接质量	腹板焊接高度≥5mm，翼缘焊缝高度≥9mm	钢尺量测
2	与岩面间紧密度	紧贴开挖岩面，空隙部位用喷射混凝土填充	观察
3	垂直度偏差	±2°	全站仪
4	横向间距偏差	±50mm	钢尺量测
5	高程偏差	±50mm	钢尺量测
6	连接螺栓	螺栓连接紧固	扳手检测

6.3.4　喷射混凝土施工

根据本工程隧洞支护设计（表 6.2-1），Ⅲ、Ⅳ、Ⅴ类围岩洞段需要喷射 C25 混凝土，喷射混凝土施工质量标准见表 6.3-4，施工流程如下：首先，清理作业面，去除浮石、松动岩块、岩粉、岩渣及其他堆积物，处理滴水和集中出水部位。对岩面较大凹坑进行填平，并使用冲击钻钻出 ϕ8mm、深度 10cm 的孔，插入 ϕ6mm 圆钢作为喷射厚度标志，圆钢外露长度应小于喷射厚度 2cm。然后，进行喷射混凝土作业，喷头垂直受喷面，保持 0.6~1.0m 的喷射距离，喷射钢筋网时稍微倾斜喷头。喷射路线按先边墙后拱部的顺序，分区、分段"S"形运动，螺旋状由下而上进行，控制风压、水压及喷射距离以减少回弹量。对于Ⅲ、Ⅳ类围岩洞段，喷射混凝土厚度超过 10cm 时需进行二次喷射，第二次喷射在第一层混凝土终凝 1h 后进行，并在喷射前用水冲洗第一层混凝土面。

喷射混凝土施工质量检验标准 表 6.3-4

项次	检验项目	质量要求	检测方法
1	喷射混凝土性能	满足 C25 喷射混凝土抗压强度要求	试块检测
2	喷层均匀性	喷层均匀，极个别处有夹层、包沙	观察
3	喷层厚度	洞身Ⅱ/Ⅲ类围岩段：≥10cm；洞身Ⅳ/Ⅴ类围岩段：≥14cm	钻芯取样
4	受喷面清理	受喷面清理干净，无粉尘、无污染	观察
5	喷层养护	受喷面洒水养护，养护时间不小于 14d	

6.4 不利地质风险与对策

6.4.1 断层破碎带卡机

TBM 在穿越断层破碎带时，容易发生围岩变形塌方、TBM 卡机等风险，会对隧洞施工带来极大的安全风险，严重情况下会造成人员伤亡，经济损失。

1）断层破碎带对微型 TBM 施工的危害性

断层破碎带是由于断层两盘相对滑动而使两侧岩层被错断磨碎，形成一个长条状与断层面方向基本一致的岩层破碎带。由于断层破碎带内岩石破碎严重，节理裂隙发育，微型 TBM 在断层破碎带中施工时，可能会遇到多种危害性情况（表 6.4-1）。

断层破碎带对微型 TBM 施工的危害性 表 6.4-1

序号	危害情况类型	原因
1	隧洞坍塌风险	断层破碎带内的岩石破碎，掘进时容易导致围岩坍塌，这会增加出渣量和清渣量，对设备和人员安全构成威胁
2	支护工作量增加	为了防止坍塌，需要增加大量的支护工作，增加了工作量，影响施工进度
3	刀盘卡机风险	断层破碎带可能导致刀盘扭矩或推力不足，从而引发卡机现象。此外，撑靴部位坍塌，无法支撑也无法为 TBM 前进提供反力，进一步增加了卡机的风险
4	护盾卡机风险	TBM 护盾范围内的断层破碎带形成垮塌，会导致 TBM 护盾抱死卡机，使 TBM 无法推进
5	涌水突泥风险	软弱围岩在水的作用下可能恶化，导致涌水突泥，这不仅会破坏施工环境，还可能对人员和设备安全构成威胁
6	刀具磨损加剧	断层破碎带内的岩石破碎严重，会导致刀具磨损加剧，需要频繁更换刀具，增加了施工成本和难度

2）马百支线隧洞断层破碎带情况

隧洞穿越 3 条区域性断裂带（表 1.2），分别是 F24、F23、F19，破碎带影响范围合计约 190.795m，断裂带地质情况见表 6.4-2。

区域性断裂带一览表　　　　　　　　　表 6.4-2

桩号	长度/m	围岩类别	工程地质条件及评价
K63 + 372.651～ K63 + 332.651	40	V	桩号 K63 + 349～K63 + 369 处为区域性断裂 F24，岩体为碎裂岩，破碎影响带宽约 20m，岩体结构类型为碎裂状。地下水富集，施工期可能产生涌水突泥，需采取适当加固措施，选用合适的施工工法。围岩类别为 V 类
K60 + 782.632～ K60 + 702.632	80	V	桩号 K60 + 717～K60 + 777 处为区域性断裂 F23，岩体为碎裂岩，F23 破碎带宽约 20m，影响带宽约 60m，岩体结构类型为碎裂状。地下水富集，施工期可能产生涌水突泥，需采取适当加固措施，选用合适的施工工法。围岩类别为 V 类
K53 + 700.795～ K53 + 630.000	70.795	V	该处为区域性断裂 F19，岩体为碎裂岩，F19 破碎带宽约 30m，影响带宽约 80m；地下水富集，施工期可能产生涌水突泥，需采取适当加固措施，选用合适的施工工法。围岩类别为 V 类。该段隧洞埋深较大，属高地应力区，施工中可能发生岩爆，需采取适当的防护措施

3）微型 TBM 在断层破碎带施工措施

根据本工程断层破碎带情况（表 6.4-2），微型 TBM 在断层破碎带施工中需要采取一系列的技术措施，确保施工的安全、质量和进度。同时，也需要对施工过程进行严格的监控和管理，及时发现和处理可能出现的各种问题。

（1）卡机预防措施

针对微型 TBM 穿越断层破碎不良地质可能出现的问题，在施工中采取以下措施：

①超前地质预报

在进入断层破碎带段前 20m，采用超前预报系统探明掌子面前方的地质情况，提前做好预案。超前预报系统有 HSP 声波反射法、地震波法、电阻率法，可分别预测掌子面前方断层破碎带、涌水情况。

a. HSP 声波反射法原理是：根据 TBM 隧洞施工的特点，利用 TBM 掘进时刀盘切割岩石所产生的声波信号作为 HSP 声波反射法预报激发信号，通过刀盘及边墙无线接收，实现阵列式数据采集，并通过深度域绕射扫描偏移叠加成像技术，进行反演解释。HSP 声波反射法地质预报测试布置如图 6.4-1 所示。

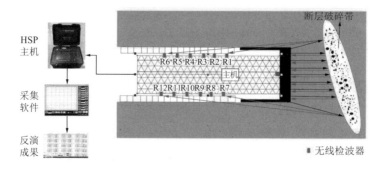

图 6.4-1　HSP 声波反射法地质预报测试布置示意图

HSP 声波反射法可以探测 100m，搭接长度为 10m。故在微型 TBM 施工通过断层前，在掌子面距离断层中心桩 20m 时，对前方围岩进行探测。

b. 地震波法：地震波法通过对地震记录信号的处理分析，能够获得隧洞工作面前方的地质情况，实现断层、破碎带等不良地质体位置的判断。

c. 电阻率法：电阻率法通过对观测数据进行反演计算，得到探测区域围岩电阻率分布情况，成像结果中低阻部分一般代表含导水地质构造，从而达到对探测区域地质情况探测的目的。

②做好设备维护保养工作

在微型 TBM 进入断层破碎带之前，将设备维护到最佳状态，减少设备维护时间，实现连续掘进、快速通过不稳定围岩段，尽量避免在不稳定围岩中长时间停机。

③强化施工过程监控

施工过程中主司机与值班人员必须密切监控皮带机上渣料成分、粒径大小、形状、地下水的发育情况以及 TBM 掘进参数的变化、振动等情况，及时了解并综合判断掌子面前方的地质条件，从而合理选择 TBM 掘进参数。当遇见掌子面坍塌量较大的情况时，采取封闭部分刀盘铲斗的措施，减少出渣量，防止出渣量过大导致皮带机被压停。

④从掘进操作上控制，在断层破碎带中施工时，降低 TBM 的推力和转速，慢速掘进（刀盘转速降低至 3rpm 以下，掘进速度控制在 5mm/min 以下）。密切关注上位机上显示的各类掘进参数变化情况，特别是刀盘扭矩变化情况，控制扭矩变化范围不大于 10%，减少刀盘对掌子面围岩的扰动，避免或减少发生塌方。当围岩无法为撑靴提供足够的接地比压时，对撑靴部位的围岩进行加固或换填。

⑤不利地质脱出盾尾后，采用喷锚对软弱围岩进行初支封闭，防止塌方。

⑥超前钻孔注浆加固，通过超前地质预报确定 TBM 无法安全通过时，对前方围岩进行注浆加固，改善围岩性能，避免卡机。

（2）卡机判定方法

当主司机发现 TBM 不能正常掘进后，应当立即停机，按照以下几个步骤，判断 TBM 是否卡机及卡机的部位，看能否简单脱困：

①排除 TBM 机械故障

a. 检测左右支撑盾油缸的压力是否正常，排查撑靴是否有效提供反力支撑。

b. 检测主推进缸在缸体处的压力是否达到正常值（与仪表或电脑显示的值相对比）。

c. 检查主驱动电机变频器是否跳闸，电机是否正常。

d. 检测主驱动减速机是否正常。

如果上述检查均正常，主控电脑所显示的 TBM 掘进条件均处于正常状态，则可以排除因机械或线路传输故障造成 TBM 不能正常掘进，初步可以判定是不利地质条件造成了卡机。

②判断刀盘是否被压

a. 在正常掘进的条件下，启动刀盘，看刀盘是否能转动（正转反转均需尝试，微型 TBM 刀盘可正转或反转）。

b. 如果不能转动，先派人进入刀盘检查刀盘与掌子面围岩情况，是否有塌方压住刀盘，其次将刀盘内的岩渣清理干净，转运出刀盘，再试着转动刀盘。

c. 如果刀盘正反转仍然不动转动，那初步可以肯定 TBM 刀盘被压了，此时需要使用 TBM 的脱困模式来试图解困，如果刀盘在脱困扭矩的条件下能够转动，一直转动刀盘，直至扭矩正常，然后慢速向前掘进，看能否正常掘进。如果能够正常掘进，那么这仅是刀盘被卡，TBM 即解困成功。如果此时刀盘仍然不能转动，那么可判定刀盘被卡。

③判断前护盾是否被卡

首先在尾盾处检查微型 TBM 前护盾情况，了解前护盾与洞壁围岩的状态，在主推缸有回缩余地的情况之下，收回主推进油缸后退前护盾；在主推缸没有回缩余地的情况之下，后退撑紧盾，空出空间，再后退前护盾（微型 TBM 可后退），如果前护盾不能后退，那么就说明前护盾部位被卡住了。如果能够后退，那么就需要判定撑紧盾是否被卡。

④判断撑紧盾是否被卡

在尾盾处检查微型 TBM 撑紧盾情况，了解掌握撑紧盾与洞壁围岩的状态，试着后退撑紧盾，如果撑紧盾不能后退，那么就可以判断出此时撑紧盾被卡住，如果撑紧盾能向后退，那么就可以判断出此时 TBM 仅是前护盾卡机。

通过上述四个步骤，就可判断出 TBM 的卡机是机械、电气原因还是不利地质条件所致，也可以确定卡机的具体部位及卡机的严重程度。

（3）卡机脱困措施

①刀盘卡机，刀盘向后退少许，尝试正反转启动刀盘。如刀盘不能启动，则需要清理刀盘内部积渣，然后再尝试正反转启动刀盘。如刀盘仍然不能启动，则需要对掌子面围岩和刀盘顶部围岩进行扩挖清理，将刀盘与围岩隔开。清理后再次启动刀盘，如刀盘仍然不能启动，则需要清除刀盘和轴承之间的松散石渣。

期间间断试启动刀盘，直到刀盘可以启动，利用刀盘旋转清理刀盘前方以及刀盘和轴承之间的石渣。刀盘启动后向前缓慢推进，及时对露出的断层带进行支护。

②护盾卡机，为确保设备安全首先尽快解除护盾压力，采取开挖上导洞和侧导洞的方式彻底解除 TBM 护盾上的压力。

（4）脱困后再掘进原则

TBM 脱困后，为防止再次被困，需遵循"三低一连续"的掘进原则，即：将刀盘转速降低至 2rpm 以下，推力控制在 1500kN 以下，掘进速度保持在 5mm/min 以下，并在非必要情况下保持连续掘进不停机。

按照上述掘进原则，使 TBM 尽快通过该区域。在 TBM 脱困工作开展过程中同时进行设备维护保养工作,使 TBM 处于优良性能的状态,以便于脱困工作结束后立即开始掘进工作,尽快远离不利地质区域,最大限度地降低二次风险。

6.4.2 节理裂隙发育围岩坍塌

由于围岩失稳所造成的突发性坍塌、堆塌和崩塌,常会造成严重的安全事故,直接威胁施工机械及人员的安全。围岩坍塌是 TBM 施工过程中需极力避免但又很难完全避免的地质风险。对于敞开式 TBM 围岩失稳发生的部位和程度不同,所造成的影响差异性很大,严重的会导致卡机。

马百支线微型 TBM 施工过程中遭遇多次拱顶坍塌事件,针对小断面隧洞坍塌人员作业空间狭小、支护设备无处安置的问题,在施工过程中论证了多种支护方案,最后采用了两种方案。①钢筋网片铁皮密封塌腔,然后采用化灌注浆回填塌腔,最后待塌腔在后配套后面露出后,安装钢拱架,喷锚支护;②外置喷锚设备,直接对塌腔等不利地质喷射 C25 混凝土封闭支护,最后待塌腔在后配套后面露出后,安装钢拱架,再次喷锚支护。根据实践情况,第二种处理措施优于第一种,更适宜处理小断面隧洞围岩坍塌。

6.4.3 突水涌泥

隧洞涌水是隧洞施工过程中,围岩空隙中的地下水(孔隙水水源、裂隙水水源、岩溶水水源)、地表水等水源在压力作用下涌出,称为涌水。量大、势猛,突发的涌水,称为突水。如果突水中携带大量泥沙涌入隧洞,称为突泥。突泥为突水的伴生现象,其处理关键仍在于突水处理。

突涌水处理要坚持"以堵为主,堵排结合,限量排放,综合治理"的原则,主要从超前地质预报、涌水处理、设备和人员防护、应急预案等几方面进行。

1)突涌水处理措施

突涌水处理措施见表 6.4-3。

突涌水处理措施表　　　　表 6.4-3

	项目	处理措施
	总体原则	在保证进度的条件下,"探、排、控、防、堵"
1	超前处理	(1)根据超前地质预报结果,对有可能对施工人员、设备安全造成较大威胁及对工期造成较大影响的掌子面前方的地下水进行超前处理。 (2)当预计开挖工作面前方有高压大量地下水,而且排放不会影响围岩稳定,经监理人批准后采用超前钻孔、开挖导水洞进行排水。 (3)当预计开挖工作面前方有高承压水,且通过排水不能解决该地下水对人员、设备、工程的威胁时,采用超前灌浆进行处理。 (4)超前处理后达到洞室稳定,满足开挖要求能够保证安全的前提下才能掘进通过
2	渗滴水 线状渗水	(1)对于渗滴水型和线状渗水,开挖后在混凝土衬砌前进行封堵。 (2)选择适当的时机对该类型的地下水进行注浆处理,注浆封堵后必须满足隧洞衬砌施工和永久运行的要求

续表

项目		处理措施
	总体原则	在保证进度的条件下，"探、排、控、防、堵"
3	富水带	（1）采用超前孔探明地下水活动规律，测定涌水量、压力，防止突然涌水。 （2）尽量截断补给水源，降低地下水位。 （3）对围岩进行灌浆，降低其渗透性或形成帷幕阻水
4	集中涌水	（1）通过后尽快实施封堵的前期工作（如涌水洞段的围岩加固、大流量涌水的集中引排等），使高压大流量地下涌水达到可控状态。 （2）编制详细的大流量集中涌水引排、堵水方案和施工安全措施、地下水处理进度计划等施工方案，在地下水处理实施前报监理人审批。 （3）根据施工进度计划和工程实际需要，选择适当的时段对高压大流量的地下涌水进行封堵处理。 （4）超前探测：通过CT探测孔对出水地层的构造进行探测，了解其性质、特点、发育状况，为布置分流减压孔和封堵灌浆孔进行指导
5	地下水排放	通过采用超前孔、导水洞等措施进行排水、卸压和降量。确保掌子面状态正常，在不影响掘进的条件下适时进行封堵

2）突涌水处理

（1）突涌水处理流程

突涌水处理流程见图6.4-2。

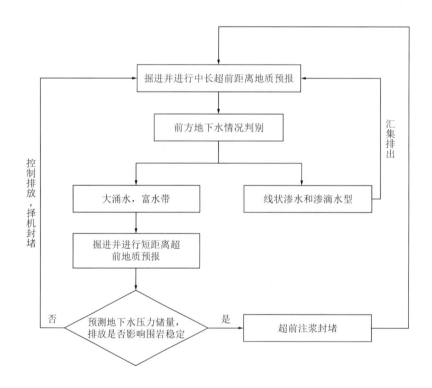

图6.4-2　突涌水处理流程图

（2）超前探水

在可能出现突涌水的洞段，首先采用地质调查、物探和钻探等方法对掌子面前方的不利地质进行地质勘查和综合地质预报，以便及早准备应对措施，减小因发生大量突涌水造成损失。

（3）配备完善的排水系统

微型 TBM 配备了两套排水管路，根据涌水量大小决定开启数量和判别是否需要增加排水管路。并配备预防突泥涌水时的应急排水措施（微型 TBM 供水管可作为排水管应急排水，防止因隧洞坡度小顺坡自流排水不及时导致淹机）。

（4）保护电气设备

TBM 掘进过程中遇到的突涌水，出水点位置是不固定的，很多时候会在拱顶出水，此时容易导致 TBM 上的设备淋水，需要对电气设备采用防雨布进行遮盖。

（5）堵水

对于开挖揭露出来的高压大流量集中涌水，根据施工过程中的实际情况，对地下水进行适当处理（如涌水洞段的围岩加固、大流量涌水的集中引排等措施），在保证安全的前提下通过。TBM 通过后在不影响施工进度的情况下，择机对高压大流量地下涌水进行封堵处理，使高压大流量地下涌水达到可控状态。

当开挖工作面前方有高承压水，且通过排水不能解决该地下水对人员、设备、工程的威胁时，采用超前灌浆处理。超前灌浆处理后，达到洞室稳定条件且满足开挖要求，能够保证安全的前提下才能掘进。

根据超前地质预报和超前勘探孔对掌子面前方存在的一般富水区、富水区、强富水区采用超前注浆处理。根据富水区的水量不同情况，分三种处理方式：

①对高压、大涌水量的富水区进行全断面超前帷幕预注浆堵水施工。
②对低压、较大涌水量的富水区进行全周边超前帷幕预注浆堵水施工。
③对较小地下水量进行局部超前预注浆堵水施工。

（6）超前排水

根据地质预报成果，掘进前方可能存在较大规模地下水，且排出地下水不会影响施工安全时，TBM 停止掘进在刀盘前方掌子面部位施作排水孔，将地下水排出后，TBM 再继续施工。

6.5 小断面隧洞坍塌施工处治案例

隧洞坍塌是施工中常见且严重的事故，常常导致工期延长、成本增加、设备损坏，严重时危及施工人员的生命安全。因此，在隧洞施工中，必须采取有效的安全措施和技术手段，确保隧洞的稳定性和安全性，避免坍塌事故的发生。在马百支线隧洞微型 TBM 施工过程中，曾发生两次严重的隧洞拱顶坍塌事件，第一次坍塌长度约 2m，涉及 3 榀支护钢拱架；第二次坍塌长度约 40m，涉及 35 榀支护钢拱架。下面将对上述坍塌地段的治理过程进行详细介绍。

6.5.1 案例 1

2021 年 12 月 14 日,微型隧洞掘进机(TBM)在掘进至桩号 K3＋769 处时,盾尾揭露的围岩节理裂隙发育,围岩稳定性差,垮塌严重(图 6.5-1),护盾尾部被落渣掩埋,掘进工作被迫停止。该段围岩设计为Ⅲ类围岩,实际揭露为Ⅳ类围岩,埋深 381m。经现场勘察,塌方范围约 270°,塌腔平均深度约 2m,塌方段长度约 2m,塌腔顶部有渗水现象。

图 6.5-1　K3＋769 盾尾塌方

为对该处围岩垮塌进行治理,确保 TBM 安全顺利掘进,首先对工作面进行了排危处理,采用钢钎等工具确保围岩短期内的稳定性,消除掉块隐患。然后清理盾尾落渣,将落渣直接堆放在皮带机上,并将皮带机运行速度调整至 0.5m/s,将落渣运输至矿车。落渣清理完毕后,由于塌腔较深且有足够空间,在塌腔内部安装钢拱架进行支护,钢拱架直接承接在隧洞两侧拱腰围岩上,并确保钢拱架不会后配套设备产生干涉(图 6.5-2)。具体的处置流程如下:

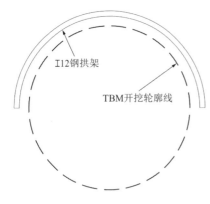

图 6.5-2　钢拱架支护示意图

(1)安装钢筋网

采用 HPB300ϕ6.5@25×25cm 的钢筋网对塌腔部位进行挂网施工,钢筋网壁后安装规格为 2mm×1.1m×1.1m 的铁皮，封闭塌腔。

（2）施作锁脚锚杆

在两侧拱脚位置，分别施作两根锁脚锚杆。采用 $\phi 22\times 70$cm 的螺纹钢作为锚杆，使用冲击钻施作 $\phi 25$，深度 50cm 的锚孔，将浸泡好的两袋锚固剂依次填入锚孔中，直到锚孔填满，然后用大锤将锚杆打入锚孔内。

（3）钢拱架安装

根据塌腔的特点，在马家河综合加工厂加工城门洞型的I12钢拱架（图 6.5-2），钢拱架运输至工作面后，拼装好拱架，将拱架一侧拱脚与锁脚锚杆焊好，然后使用机械千斤顶和钢管顶住顶部拱架，使拱架顶部与围岩拱顶紧密贴合，然后将另外一侧的拱脚与锁脚锚杆焊好，在锁脚锚杆与拱脚缝隙较大位置，使用螺纹钢双面绑焊。最后拆除千斤顶与钢管，再次复紧一遍每段钢拱架之间的连接螺栓。

（4）缝隙封堵

使用泡沫填充剂封堵铁皮之间的缝隙和铁皮与围岩之间的缝隙，缝隙较大的部位，先填充编织袋后，再用泡沫填充剂封堵（只留一个化灌注浆孔）。确保塌腔的密封性。

（5）化灌注浆

使用瑞诺加固材料（Ⅱ号）化学灌浆材料，将该种材料 A 组分和 B 组分按照体积比 1∶1 配合使用，采用专用的 ZBQS-10/10 气动双液注浆泵施工，该种化灌材料的主要特点是该种化灌材料膨胀系数大，反应速度适中，能够有效地填充塌腔，改善软弱围岩的受力特点，提高围岩的稳定性，同时隔绝空气，防止围岩继续软化。

（6）后续处理

根据现场观测的支护效果，围岩短期内不会发生恶化，因此决定待该段不利地质在后配套台车露出后，再进行喷射 C25 混凝土。

6.5.2 案例 2

2022 年 1 月 14 日，微型 TBM 掘进至桩号 K3+586 时，护盾尾部围岩发生垮塌，导致 TBM 暂停施工。该段围岩设计为Ⅲ类围岩，但实际揭露为Ⅳ类围岩，埋深 398m。盾尾揭露围岩节理沿隧洞轴线发育（图 6.5-3），围岩稳定性差。塌方导致塌腔范围影响到边拱顶约 90°的范围，塌腔深度平均约 1.5m，部分区域深达 2m，塌腔段长度约 40m（图 6.5-4）。塌方段间断性持续坍塌，塌腔深度有进一步加深，范围有扩大的趋势。尽管塌腔顶部围岩未见渗水现象，但由于边顶拱侧围岩破碎、结构不稳定，塌落石渣的清理工作持续至 2 月 12 日。

为处理塌方问题，首先采用钢钎等工具对工作面进行排危处理，确保围岩短期内的稳定，消除掉块隐患。随后，集中人力快速清理盾尾落渣，通过皮带机将落渣运输至矿车，并将皮带机速度调整至 0.5m/s。落渣清理完毕后，由于塌腔环向范围较小，直接使用钢拱架支护可能与后配套台车发生干涉，且扩挖两侧围岩可能导致进一步塌方。为避免此类风险，采取挂钢筋网、铁皮封堵以及灌注浆回填的支护措施，具体施工流程见图 6.5-5。

图 6.5-3　K3+586 盾尾拱顶塌方

图 6.5-4　拱顶持续坍塌

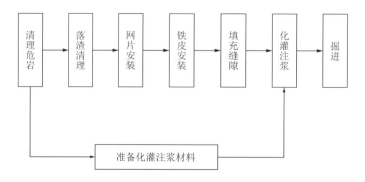

图 6.5-5　化罐注浆施工流程

(1)挂网施工

采用 HPB300ϕ6.5@25×25cm 的网片对塌腔部位进行挂网施工,钢筋网壁后安装规格为 2mm×1.1m×1.1m 的铁皮,封闭塌腔。

(2)缝隙封堵

使用泡沫填充剂封堵铁皮之间的缝隙和铁皮与围岩之间的缝隙,缝隙较大的部位先填充编织袋,再用泡沫填充剂封堵(只留一个化灌注浆孔),确保塌腔的密封性。

(3)化灌注浆

使用瑞诺加固材料(Ⅰ号)化学灌浆材料,将该种材料 A 组分和 B 组分按照体积比 1∶1 配合使用,采用专用的 ZBQS-10/10 气动双液注浆泵施工。

(4)后续情况

在后续施工中,注浆区域两侧围岩失稳收敛,钢筋网与后配套台车发生干涉(图6.5-6),严重区域,发生二次坍塌,导致 TBM 暂停施工(图 6.5-7)。

图 6.5-6 钢筋网与后配套台车干涉

图 6.5-7 二次塌方

(5)处置措施

割除与后配套台车干涉的钢筋网、铁皮,清除落渣。针对二次塌方部位,采用化灌注浆再次回填。

(6)后续处理

待该段不利地质在后配套台车露出后,立即采用锚网、钢拱架支护。针对化灌注浆初支的不足之处,根据现场实际情况及施工需要,后续针对不利地质施工采用喷锚初支,取得了较好的效果(图 6.5-8)。喷锚初支施工流程见图 6.5-9。

图 6.5-8 盾尾喷锚封闭施工

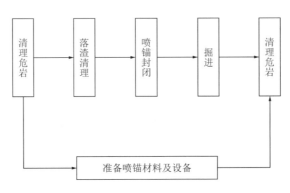

图 6.5-9 喷锚施工流程

6.6 本章小结

本章对岩体尺寸效应下隧洞围岩的变形机理及失稳模式进行分析,探讨了隧洞断面尺寸对围岩稳定性的影响。研究结果表明,在小洞径条件下,隧洞围岩的稳定性更好。在此基础上,详细介绍了小断面隧洞的支护设计参数及支护作业流程,包括锚杆、钢筋网、钢拱架及喷射混凝土的施工方法。此外,还分析了马百支线隧洞可能面临的不利地质风险及相应的处置措施,如断层破碎带处的卡机风险处置、节理裂隙发育围岩坍塌以及突水涌泥的处置。最后,重点介绍了马百支线隧洞在小断面条件下的坍塌治理案例,为将来小断面隧洞的不良地质施工提供了有益的参考和借鉴。

第 7 章

扫码查看本章彩图

微型 TBM 掘进工效分析与应用前景展望

7.1 微型 TBM 总体利用率和掘进工效

7.1.1 微型 TBM 利用率

TBM 利用率是指 TBM 净掘进时间占施工总时间的百分比（式(7.1-1)），其反映了 TBM 对地层的适应性、施工组织管理效率以及各类不利事件的影响。总体来说，利用率越高，TBM 净掘进时间占施工总时间的比值越大，TBM 越可能获得更高的进尺。一般情况下，TBM 利用率在 30%～40%。当 TBM 在软弱破碎围岩段掘进，由于支护作业时间的增加，导致净掘进时间降低，将会造成利用率偏低，甚至低于 20%。当 TBM 在较好围岩段掘进，利用率可高达 50% 以上。TBM 施工活动包括 TBM 掘进、掘进循环之间的停机、正常作业停机和非正常停机（图 7.1-1）。统计分析结果表明，本工程微型 TBM 实际利用率为 30.3%，掘进循环之间的停机时间占比为 18.4%，正常作业停机时间占比为 13.7%，非正常停机时间占比为 37.6%（图 7.1-2）。

与其他小型 TBM 掘进隧洞工程相比，如北江引水隧洞工程（直径 4.5m）和那邦水电站隧洞工程（直径 4.5m）（图 7.1-3），马百支线隧洞微型 TBM 利用率（30.3%）与这两项工程 TBM 利用率（分别为 33% 和 28%）接近。北江引水隧洞和那帮水电站隧洞 TBM 均采用连续皮带出渣，TBM 掘进与出渣同步，皮带机故障及出渣延误所占比例很小，仅为 2% 左右，因此基本上不影响掘进效率。而马百支线隧洞微型 TBM 采用矿车出渣，TBM 掘进停机后才能出渣，出渣时间占比高达 13.4%。在这种间断性出渣影响下，2.5m 直径微型 TBM 利用率仍与 4.5m 直径 TBM 利用率相当。

$$U = \frac{TBM 净掘进时间}{TBM 施工总时间} \times 100\% \tag{7.1-1}$$

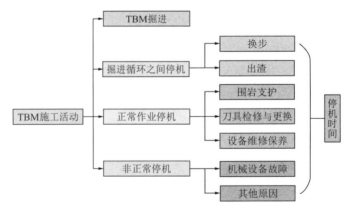

图 7.1-1　TBM 施工活动

第 7 章 微型 TBM 掘进工效分析与应用前景展望

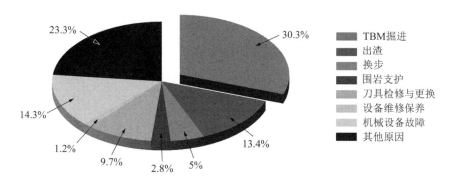

图 7.1-2　TBM 各项施工活动时间占比

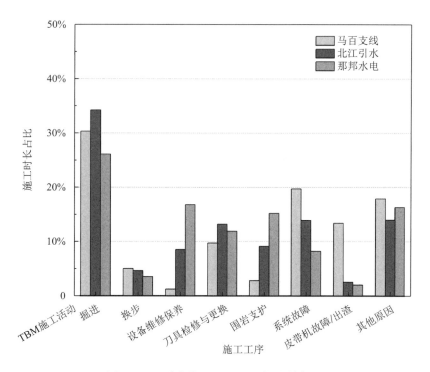

图 7.1-3　不同隧洞工程 TBM 掘进效率对比

7.1.2　微型 TBM 掘进工效

TBM 于 2021.10.8 日始发掘进，试掘进 19d，于 2021.11.1 正式开始掘进，共掘进 596d，于 2023.6.21 掘进出洞。总掘进里程 4128m，平均日进尺 6.93m，最高日进尺 23.68m；平均月进尺 197.86m，最高月进尺 415m。

根据每月掘进里程，计算每月平均日进尺，如图 7.1-4 所示，2021.11、2022.2—2022.4、2022.8—2022.10、2023.2—2023.6 共 11 个月的月平均日进尺高于整体平均日进尺，达到 7.0~11.0m/d，剩余 9 个月的月平均日进尺均低于整体平均日进尺。其中，2021 年 10 月

TBM 处于试掘进阶段，施工人员对设备的操作、维护保养等方面不够熟悉，设备处于调试阶段，导致月均日进尺相对较低。另外 8 个月的月平均日进尺偏低的原因主要包括围岩支护作业、机械设备故障以及洞内清渣作业（表 7.1-1）。因此，除机械故障和正常的设备维修保养等原因外，微型 TBM 月进尺基本能够保持在 200~300m，远远高于原设计中钻爆法平均月进尺仅 100m 的施工速度。

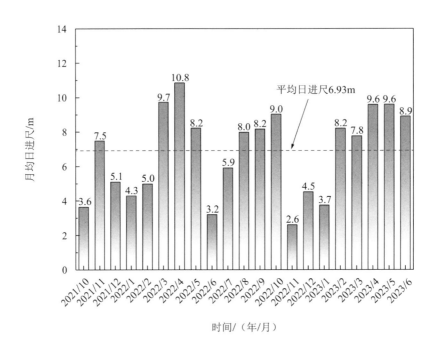

图 7.1-4 微型 TBM 每月平均日进尺

微型 TBM 掘进工效的主要影响因素　　　　表 7.1-1

类型	时间（年/月）	原因	故障影响时间/d
围岩支护作业	2022/1	围岩支护	9
	2022/2	围岩支护	5
机械设备故障	2022/6	皮带机故障、扭矩梁断裂	9
	2022/7	扭矩梁断裂	8
	2022/11	刀盘驱动故障、扭矩梁断裂	18
	2022/12	刀盘驱动及测量系统故障	3
洞内清渣作业	2023/1	洞内轨道清渣	5

7.2 制约掘进工效的主要影响因素分析

表 7.2-1 统计了马百支线隧洞不同等级围岩条件下的微型 TBM 日均进尺及其利用率。微型 TBM 日均进尺及利用率均随围岩等级增加而降低（图 7.2-1）。在 Ⅱ 类围岩洞段，微型 TBM 的利用率和日均进尺最高，分别可达到 35.3% 和 7.79m/d；而在 Ⅲ 和 Ⅳ 类围岩洞段的利用率和日均进尺较低。这说明微型 TBM 在 Ⅱ 类围岩条件下的适应性较好，能够取得较高的利用率和日均进尺。

不同等级围岩 TBM 日均进尺及其利用率　　　　　　表 7.2-1

围岩等级	里程段/m	掘进长度/m	掘进时间/d	净掘进时间/min	日均进尺/(m/d)	利用率
Ⅱ	3610~3984、2063~3480、108~864	2547	327	166275	7.79	35.3%
Ⅲ	3984~4128、864~1932	1212	216	87865	5.61	28.2%
Ⅳ	3480~3610、1932~2063、0~108	369	79	18115	4.67	15.9%

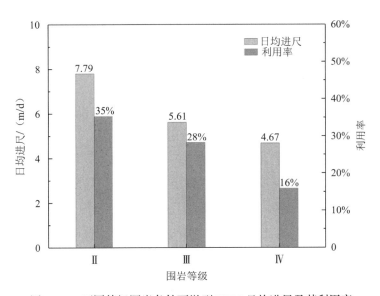

图 7.2-1　不同等级围岩条件下微型 TBM 日均进尺及其利用率

图 7.2-2 为马百支线隧洞 Ⅱ、Ⅲ、和 Ⅳ 类围岩条件下微型 TBM 施工工序的时长占比。Ⅳ 类围岩条件下，TBM 支护作业延误时长占比显著高于其他等级围岩，达到 17.9%。这是由于当围岩条件较差，出现较大塌腔时，需要对隧洞围岩进行锚喷处理，此时 TBM 需要停机等待支护作业的完成。相较于 Ⅲ 类和 Ⅳ 类围岩，Ⅱ 类围岩条件下 TBM 道具检

修与更换占比更大，达到 13.2%，约为其他类型围岩的两倍。这可能是Ⅱ类围岩条件下，岩体强度及完整程度更高，且该工程为富含石英矿物的地层，TBM滚刀的磨损更为严重。

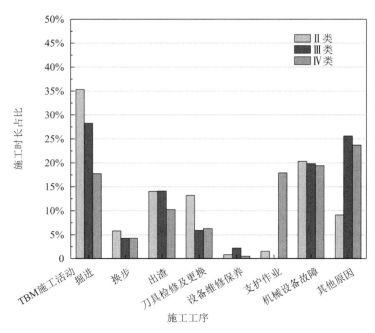

图 7.2-2　不同等级围岩下 TBM 各施工工序的时长占比

7.3　提高微型 TBM 掘进工效的建议措施

7.3.1　出渣系统

由于马百支线隧洞断面空间限制，微型 TBM 采用单线有轨矿车出渣。在一定的渣斗尺寸及数量条件下，单次出渣矿车容量仅能满足 TBM 单步掘进（单步掘进距离约 0.7m）的切削渣量。因此，在单线运输条件下，微型 TBM 每个掘进循环均需要单独进行出渣作业。在单次出渣量和矿车运输速度基本固定的情况下，随着 TBM 独头掘进距离的增加，矿车出渣的运输时间将逐渐增长（图 7.3-1），出渣效率逐渐降低，将进一步挤占 TBM 掘进时间，降低 TBM 掘进效率。TBM 出渣时长占比随掘进距离的增加整体呈现出增长趋势，其间可能受 TBM 整体掘进时间变化的影响而发生局部波动。在 0~500m 区间洞段掘进时，TBM 单次出渣时间约为 20min，该区间内出渣时间占施工总时间的比例约为 8.0%。当 TBM 掘进至 3500~4128m 区间洞段，单次出渣时长和出渣时间占比分别增加到 80min 和 25.7%。在整个施工过程中，矿车出渣时间占比为 13.4%（图 7.3-1）。本工程微型 TBM 利用率为 30.3%，若采用连续皮带出渣，TBM 利用率将达到 40%以上。

第 7 章　微型 TBM 掘进工效分析与应用前景展望

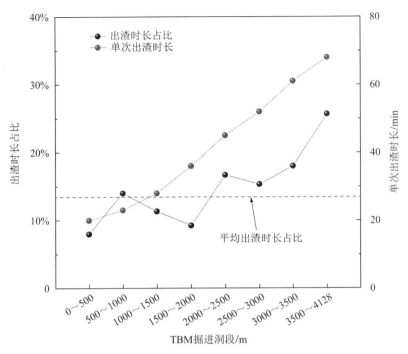

图 7.3-1　不同掘进洞段 TBM 出渣时长占比与单次出渣时长的变化规律

由于隧道断面及坡度均较小，掘进接渣以及出渣过程中的落渣更易导致轨道积渣。当轨道积渣过多时，容易导致矿车滑落轨道，影响物料运输及出渣效率。因此，往往需要进行清渣作业。而由于隧道断面限制，仅能采用人工清渣作业，清渣效率低下。此外，单线轨道的清渣作业往往导致物料运输和出渣作业停滞，进而挤占 TBM 掘进时间，降低 TBM 掘进效率。在进行施工工序时长占比分析中，轨道清渣被划分为其他原因，这也正是其他原因占比较高的原因。如在 2022.1—2022.2 和 2022.12—2023.1 均花费较长时间对轨道积渣进行清理，否则积渣过多易导致有轨矿车掉落轨道，影响物料运输和出渣效率，进而影响掘进效率。因此，需解决连续皮带布置技术难题，实现微型 TBM 掘进连续出渣，在此提出两种连续皮带布置方案：

（1）方案一：采用传统的顶部连续皮带机布置方案，将连续皮带机布置在隧洞顶部中央位置（图 7.3-2），风筒布设在隧道侧方，水电管线沿隧洞侧壁规范布置，运输车辆在隧洞底部中央轨道上行走。

（2）方案二：采用底部连续皮带机布置方案，将连续皮带机布置在隧洞底部中央位置（图 7.3-3），风筒布设在隧道侧方，水电管线沿隧洞侧壁规范布置，连续皮带机架上部设置矿车轨道，小型轨道车在轨道上运行。

方案二所布设的连续皮带位于隧道底部，相对于隧洞顶部的布设方案而言，其设备稳定性受洞内积水等因素影响，容易发生漏渣积渣问题，但皮带机位置较低有利于洞内人员行走，更为安全（表 7.3-1）。

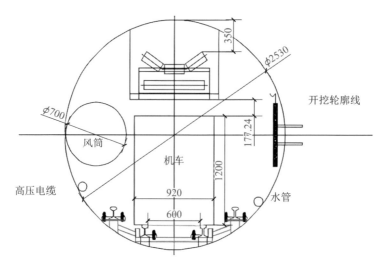

图 7.3-2　连续皮带机顶部布置示意图（单位：mm）

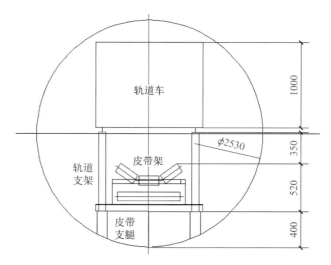

图 7.3-3　连续皮带机底部布置断面示意图（单位：mm）

方案 1 与方案 2 两种布置方案对比分析表　　　　　　　　　　　表 7.3-1

序号	对比项目	方案 1	方案 2
1	连续皮带机在设备区域布置方式	顺直布置	斜坡布置，连续皮带机抬高至顶部
2	微型 TBM 设备整体长度	较短	较长
3	连续皮带机检修、清渣作业难易程度	难度大	便捷
4	连续皮带机质量要求、制作成本	高	低
5	连续皮带机架安装精度要求	高	低
6	运输设备运行稳定性	差	好
7	运输设备运行速度	慢	快

7.3.2 微型 TBM 机械设备故障

本工程微型 TBM 机械设备故障的时间占比较大，达到 14.3%，主要包括机械、电气、液压等方面的故障。TBM 在掘进过程中，出现了若干次较大的机械设备故障，如主皮带机故障、右侧扭矩梁开裂故障等，这些故障均需要 TBM 停机进行处理。因此，为减少不必要的停机时间，提高掘进效率，应加强对 TBM 设备的维护保养。此外，由于该尺寸的微型 TBM 在国内尚属首次制造及应用，在设计之初便存在一些不足，如刀盘喷水系统无法正常使用、刀具安装楔块无法正常拆卸，增加刀具更换次数和时间；变频器与主驱动电机不匹配，导致微型 TBM 低效施工；无高压电缆存储装置或区域，增加高压电缆布置难度和时间；液压系统泵流量不足，不能同时满足推进和皮带机同时高效运转等（表 7.3-2）。这些因素都将影响 TBM 整体的掘进效率，因此，有必要针对上述问题优化微型 TBM 系统设计，提高微型 TBM 持续快速掘进能力。

微型 TBM 主要设备故障分类统计　　　　　　表 7.3-2

序号	系统故障类型	问题简述	影响时间/min
1	机械	设计、安装干涉	16030
2	机械	扭矩臂开裂	21040
3	机械	电机减速机	24270
4	电气	变频器调试	2870
5	电气	单台电机低效掘进	72420
6	液压	系统消缺	8075
7	测量	激光靶、感光靶等故障	15060
合计	—	—	159765

（1）优化液压系统，提高微型 TBM 快速持续掘进能力

现有设计的液压系统需同时为 TBM 掘进和皮带机提供驱动力，但由于液压油流量不足，皮带转速较快，难以同时进行供给，进而影响 TBM 掘进效率。建议选用大排量液压泵，或增设液压泵单独为皮带机提供驱动力。在空间不足的情况下，优先选用增加液压泵排量，节省空间。

（2）优化机械系统结构，提高微型 TBM 稳定控制能力

在 TBM 机械设备方面，仍有较大的改进空间。如在 TBM 掘进过程中，扭矩油缸行程发生由长变短、再由短变长的变化。扭矩油缸行程在由长变短过程中，侧滚偏差较大，直接影响掘进速度；扭矩油缸行程在由短变长过程中方可正常调节 TBM 侧滚。重新核算扭矩臂、扭矩油缸长度以及位置关系，优化结构设计，实现连续调节控制功能。

（3）外置式高压电缆储存装置，实现高压电缆快速布置延伸

本工程微型 TBM 未配置高压电缆存储装置区域，高压电缆堆放在 TBM 尾部洞壁上，随 TBM 掘进人工向前拖拉，作业效率低，劳动强度大。在配置有连续皮带出渣的情况下，将无法满足 TBM 快速高效掘进。建议在 TBM 尾部设置高压电缆储存装置，利用膨胀螺栓等固定在隧洞侧壁（图 7.3-4）。可将高压电缆布置在轨道滑轮上，牵引绳与轨道滑轮和 TBM 连接。随 TBM 掘进牵引绳牵引轨道滑轮在电缆滑道滑行，完成高压电缆自动延伸，单组电缆滑道高压电缆延伸完成后，将牵引绳更换至下一组轨道滑轮，直至外置式高压电缆储存装置电缆延伸完毕（图 7.3-5）。

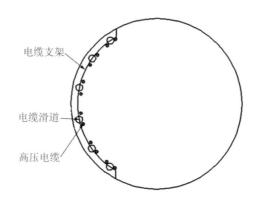

图 7.3-4 外置式高压电缆储存装置布置断面示意图

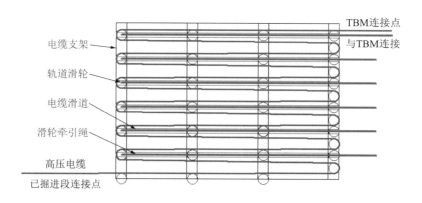

图 7.3-5 外置式高压电缆储存装置布置示意图（侧视图）

7.3.3 微型 TBM 局部支护施工

由于马百支线隧洞围岩质量较好，Ⅱ、Ⅲ类围岩占比达到 96.4%，且由于岩体尺寸效应，小断面隧洞围岩稳定性更好，因此，微型 TBM 未配置常规支护设备，如锚杆钻机、喷混设备等。微型 TBM 掘进过程中在 K3+769.744 和 K3+586 里程段出现局部塌方，采用钢拱架、钢筋网片、喷射混凝土以及化学灌浆等方式进行支护。但这种处理措施存在设备及材料准备不及时、耗时长、工序复杂等问题。当隧洞围岩地质条件较差，将不可避免地

出现大范围塌方、突水涌泥等问题，这将严重威胁 TBM 设备及施工人员的安全。在狭小空间内，微型 TBM 后配套无法布置支护设备。在这种条件下，有必要单独设置支护台车，在台车上配置全套支护设备。在 TBM 掘进距离较短时，在无需支护情况下可将支护台车布设在洞外，在需要对围岩进行支护时再使其进入洞内进行支护作业；在掘进距离较长的情况下，为实现围岩及时快速支护，可将支护台车布置在扩挖洞内。

7.4 本章小结

与其他小断面 TBM 相比，马百支线微型 TBM 在采用间断式矿车出渣的条件下，仍然取得了较高的利用率，达到 30.3%。微型 TBM 平均日进尺 6.93m，最高日进尺 23.68m；平均月进尺 197.86m，最高月进尺 415m。除去围岩支护以及设备故障等影响因素，微型 TBM 月进尺基本能达到 200~300m，远高于原设计中钻爆法平均月进尺仅 100m 的施工速度。在Ⅱ类围岩洞段，微型 TBM 的利用率和日均进尺最高，分别可达到 35.3%和 7.79m/d；而在Ⅲ和Ⅳ类围岩洞段的利用率和日均进尺较低。根据掘进施工统计，制约微型 TBM 掘进工效的主要影响因素为出渣系统、机械设备故障和支护作业，其占比分别为 13.4%、14.3%和 2.8%。因此，可考虑采用连续皮带出渣，同时对现有微型 TBM 的设计缺陷进行优化调整，以提高 TBM 利用率。同时，为实现微型 TBM 的随掘快速支护，有必要对支护设备进行模块化设计，将其整合在一辆支护台车上，实现随支随用，避免占据较大空间。

参 考 文 献

[1] 齐梦学. TBM 隧道施工 SPS（持续、均衡、快速）作业法研究及应用[J]. 隧道建设（中英文），2018(11): 1860-1867.

[2] 周雁领. TBM 工程适应性研究与挑战及应对思路[J]. 铁道建筑技术，2020(2): 24-26, 67.

[3] 苏利军. 深埋软岩隧洞双护盾 TBM 施工围岩稳定控制理论与技术[D]. 武汉：武汉大学，2010.

[4] 薛永庆. 四轨三线制 TBM 同步衬砌施工有轨运输组织研究[J]. 铁道建筑技术，2017(9): 54-57.

[5] 王雁军. 皮带出渣条件下 TBM 掘进与衬砌同步施工技术研究[D]. 石家庄：石家庄铁道大学，2015.

[6] 阳斌. 单护盾 TBM 快速掘进条件分析[J]. 隧道建设，2014(10): 997-1000.

[7] 陈馈, 孙振川, 李涛, 等. TBM 设计与施工[M]. 人民交通出版社：2018. 8.

[8] 王宁. 罗宾斯小直径双护盾 TBM 取得重大进展[J]. 隧道建设（中英文），2019, 39(10): 1635.

[9] 王付利, 李龙飞, 贺飞. 小直径 TBM 在大贝鲁特引水工程中的应用[J]. 建筑机械化，2020, 41(7): 15-19.

[10] 路振刚, 王建华, 朱安平, 等. 适用于超小转弯半径的紧凑型 TBM 设计关键技术研究及应用——以山东文登抽水蓄能电站排水廊道隧洞工程为例[J]. 隧道建设（中英文），2021, 41(6): 1047-1057.

[11] 隆威, 尹俊涛, 尚彦军, 等. 上公山隧洞 TBM 掘进主要工程地质问题及施工对策[J]. 探矿工程（岩土钻掘工程），2004, (12): 53-55.

[12] 高勤生, 崔团锋. 陕西引红济石引水隧洞工程 TBM 施工方案及选型研究[C]//中国水利水电勘测设计协会. 调水工程应用技术研究与实践. 陕西引红济石工程建设有限公司，2009: 4.

[13] 李森. 高海拔西藏旁多水利枢纽工程 TBM 掘进性能研究[D]. 石家庄：石家庄铁道大学，2014.

[14] 饶霈, 潘亚辉, 沈立群. 鄂北调水工程宝林隧洞 TBM 工法研究及应用[C]//中国岩石力学与工程学会隧道掘进机工程应用分会, 中国水利水电勘测设计协会, 中国工程机械工业协会掘进机械分会, 北京轨道建筑学会. 水工隧洞技术应用与发展. 湖北省水利水电规划勘测设计院，2018: 6.

[15] 杜传奇, 邢鹏, 安龙飞, 等. 新型敞开式小直径 TBM 装备选型及应用[J]. 水利水电技术（中英文），2023, 54(9): 137-147.

[16] 杜立杰, 张正, 李青蔚, 等. 双盾敞开式 TBM 适应性与工程应用对比分析[J]. 隧道建设（中英文），2023, 43(6): 921-928.

[17] 章跃林, 王晓全, 孙士英, 等. 关于 TBM 掘进深埋长大软硬岩隧洞关键技术——在引黄入晋、伊朗等调水工程中设计施工的应用研究[C]//国务院南水北调工程建设委员会专家委员会（Experts Committee, South to North Water Diversion Project Commission, State Council, PRC），中国水利学会(Chinese Hydraulic Engineering Society). 南水北调西线工程深埋、长大隧道关键技术及掘进机应用国际研讨会论文集. 山西万家寨引黄入晋工程北干渠项目部，2005: 7.

[18] 李启文, 任联玺, 梁宁慧, 等. 山地城市超长供水隧洞快速施工工法比选[J]. 地下空间与工程学报，2021, 17(S1): 261-268.

[19] 殷瑞华, 梁巍. 厦门东通道跨海工程比选[J]. 岩石力学与工程学报, 2004, (S2): 4778-4786.

[20] 李国良, 司剑钧, 李宁. 兰渝铁路西秦岭特长隧道方案研究[J]. 现代隧道技术, 2014, 51(3): 7-14.

[21] 蔡现阳. 长大深埋隧道工程开挖施工方法比选研究[D]. 北京: 清华大学, 2016.

[22] 洪开荣, 刘永胜, 潘岳. 钻爆法山岭隧道修建技术发展与展望[J]. 现代隧道技术, 2024, 61(2): 67-79.

[23] 朱合华, 凌加鑫, 朱梦琦, 等. 钻爆法隧道智能建造: 最新技术与未来展望[J]. 现代隧道技术, 2024, 61(2): 18-27.

[24] 李术才, 王鑫, 郭伟东, 等. 钻爆法机械化施工隧道随钻地震波超前地质探测技术研究[J]. 隧道建设（中英文）, 2024, 44(4): 617-632.

[25] 李宗平, 王帅帅, 毛锦波, 等. 天山胜利隧道施工关键技术创新与应用[J]. 现代隧道技术, 2024, 61(2): 241-253, 271.

[26] 李凌志. 引汉济渭秦岭特长输水隧洞[J]. 隧道建设（中英文）, 2018, 38(1): 148-151.

[27] 徐顺通, 杨靖, 余志超, 等. TBM 与钻爆法在并行长大引水隧洞施工中的适用性研究[J]. 施工技术（中英文）, 2022, 51(5): 126-129.

[28] 李玉平. 高楼山特长公路隧道施工方案研究[J]. 公路交通科技（应用技术版）, 2017, 13(11): 233-236.

[29] 宋法亮, 赵海雷. 高黎贡山隧道复杂地质条件下敞开式 TBM 施工关键技术研究[J]. 隧道建设, 2017, 37(S1): 128-133.

[30] 简傲松. 公路隧道下穿输水隧洞施工方案比选及优化研究[D]. 广州: 华南理工大学, 2022.

[31] 杜传奇, 邢鹏, 安龙飞, 等. 新型敞开式小直径 TBM 装备选型及应用[J]. 水利水电技术（中英文）, 2023, 54(9): 137-147.

[32] 岑道勇, 王海军, 熊阳阳. 复杂地质条件下超大直径隧道 TBM 选型及应用[J]. 施工技术（中英文）, 2023, 52(5): 97-102.

[33] 曹建锋, 张娜, 梁国辉, 等. TBM 刀盘推力与扭矩预测方法分析[J]. 建筑机械化, 2018, 39(5): 51-54.

[34] 中华人民共和国国家质量监督检验检疫总局, 中国国家标准化管理委员会. 全断面隧道掘进机 敞开式岩石隧道掘进机: GB/T 34652-2017 [S].北京:中国标准出版社, 2017.

[35] 尹德文, 汪雪英, 杨晓箐. 厄瓜多尔 CCS 水电站输水隧洞优化设计总结及体会[J]. 隧道建设（中英文）, 2019, 39(2): 246-253.

[36] 王立朋. 小净距硬岩区间接收洞施工技术研究[J]. 铁道建筑技术, 2023, (3): 152-155.

[37] 黄江帆. 敞开式 TBM 双机协同拆卸施工技术[J]. 施工技术（中英文）, 2023, 52(23): 57-61.

[38] YANG X M, ZHANG X P, XIE W Q, et al. Estimation of rock mechanical properties by macro indentation test with a conical indenter[J]. Bulletin of Engineering Geology and the Environment, 2023, 82(6): 234.

[39] XIE W Q, ZHANG X P, TANG S H, et al. Fast perception of rock mass strength and integrity in TBM tunnelling using in-situ penetration test[J]. Tunnelling and Underground Space Technology, 2023, 141: 105358.

[40] 刘泉声, 刘建平, 时凯, 等. 评价岩石脆性指标对滚刀破岩效率的影响[J]. 岩石力学与工程学报, 2016, 35(3): 498-510.

[41] 中华人民共和国住房和城乡建设部工程岩体试验方法标准: GB/T 50266—2013[S].北京: 中国计划出

版社，2013.

[42] 殷明伦. 隧洞岩体质量评价及围岩稳定性的尺度效应研究[D]. 北京: 中国矿业大学（北京），2019.

[43] 刘宁，张春生，褚卫江，等. 深埋隧洞岩爆风险尺寸效应问题探讨[J]. 岩石力学与工程学报，2017，36(10): 2514-2521.

[44] 刘建友，赵勇，李鹏飞. 隧道围岩变形的尺寸效应研究[J]. 岩土力学，2013, 34(8): 2165-2173.

[45] 张正. 新型敞开式 TBM 掘进性能及适应性的测试与分析[D]. 石家庄: 石家庄铁道大学，2022.

[46] 杜立杰，张正，李青蔚，等. 双盾敞开式 TBM 适应性与工程应用对比分析[J]. 隧道建设（中英文），2023, 43(6): 921-928.

[47] 杜传奇，邢鹏，安龙飞，等. 新型敞开式小直径 TBM 装备选型及应用[J]. 水利水电技术（中英文），2023, 54(9): 137-147.

[48] JING LIU-JIE, LI JIAN-BIN, ZHANG NA, et al. A TBM advance rate prediction method considering the effects of operating factors[J]. Tunnelling and Underground Space Technology, 2021, 107: 103620.

[49] 李欣. 引水小断面隧道 TBM 破岩力学分析及掘进参数优化研究[D]. 重庆: 西南交通大学，2019.

[50] 邵云帆. 小直径 TBM 施工有轨运输技术[J]. 铁道建筑技术，2014, (10): 69-72.

[51] ALBER M. Advance rates of hard rock TBMs and their effects on project economics[J]. Tunnelling and Underground Space Technology, 2000, 15(1): 55-64.

[52] 段晓晨，张小平. TBM 掘进工时利用率动态优化系统研究[J]. 铁道学报，2000, (6): 104-108.